高等职业院校土建专业创新系列教材

建筑工程经济
(微课版)

宋　莉　李富宇　陈　灿　主　编
孙晶晶　周　芳　邹钱秀　副主编

清华大学出版社
北　京

内 容 简 介

本书共分 8 大模块，包括建筑工程经济概述、现金流量与资金时间价值、建设项目资金筹措、建设项目技术方案的经济效果评价、建设项目的不确定性分析、设备更新的经济分析、价值工程和建设项目财务评价等内容。

本书内容丰富，语言通俗易懂，旨在体现高职高专教育“以能力为本位，以应用为目的”的原则，注重实用性和可操作性。

本书可作为高等职业院校建筑类专业的教材，也可作为相关从业人员的参考书。

图书在版编目(CIP)数据

建筑工程经济：微课版/宋莉，李富宇，陈灿主编. —北京：清华大学出版社，2024.3
高等职业院校土建专业创新系列教材
ISBN 978-7-302-65452-0

Ⅰ. ①建… Ⅱ. ①宋… ②李… ③陈… Ⅲ. ①建筑经济学—工程经济学—高等职业教育—教材 Ⅳ. ①F407.9

中国国家版本馆 CIP 数据核字(2024)第 043297 号

责任编辑：孟 攀
封面设计：刘孝琼
责任校对：李玉茹
责任印制：宋 林
出版发行：清华大学出版社
　网　　址：https://www.tup.com.cn, https://www.wqxuetang.com
　地　　址：北京清华大学学研大厦 A 座　　**邮　　编**：100084
　社 总 机：010-83470000　　**邮　　购**：010-62786544
　投稿与读者服务：010-62776969, c-service@tup.tsinghua.edu.cn
　质量反馈：010-62772015, zhiliang@tup.tsinghua.edu.cn
　课件下载：https://www.tup.com.cn, 010-62791865
印 装 者：三河市君旺印务有限公司
经　　销：全国新华书店
开　　本：185mm×260mm　　**印　　张**：10.75　　**字　　数**：259 千字
版　　次：2024 年 4 月第 1 版　　**印　　次**：2024 年 4 月第 1 次印刷
定　　价：35.00 元

产品编号：098149-01

前　　言

建筑工程经济研究工程与经济之间的相互关系，谋求工程与经济的最佳结合，通过计算、分析、比较和评价，以获得最优的工程技术方案。

知识经济时代，具有高度的产业化、信息化、现代化、劳动智能化的现代特征。在这种大环境下，现在及未来社会对各类人才素质，特别是对工程领域从业者提出了更高的要求。这就要求工程相关人员在掌握专业知识、解决实际技术问题的基础上，具备强烈的经济意识，能够进行经济分析和决策。为了适应建筑行业及建筑市场的变化，我们在总结实践教学成果的基础上结合课程思政，借鉴同类教材的编写经验，编写了此教材。

本书以二十大“加快建设高质量教育体系，发展素质教育，促进教育公平”为指导思想，以培养高技能人才和大国工匠为编写指南，并把“职普融合、产教融合、科教融汇”放在首位，坚持正确的政治方向和价值导向，遵循职业教育教学规律和人才成长规律，落实课程思政要求，体现了先进的职业教育理念。本书突出职业教育的特点，以项目化教学理念构建课程体系，以实用、新颖、案例教学的指导思想设计教材体例。教材内容丰富，每章均有案例及习题，以达到学、练同步，力求体现高职高专教育“以能力为本位，以应用为目的”的原则，注重实用性和可操作性。

本书在编写过程中参阅了大量的同类教材和资料，在此对这些文献资料的作者们诚表谢意。由于编者水平有限，书中难免存在疏漏和不足之处，敬请广大读者批评、指正。

编　者

目　　录

模块 1　建筑工程经济概述

学习目标		(1)了解建筑工程经济研究的对象与特点。 (2)熟悉建筑工程经济分析的基本原则与方法。 (3)掌握建筑工程经济分析的评价要素。
重点和难点	重点	(1)建筑工程经济的概念。 (2)固定资产的估算。 (3)总成本费用的构成。
	难点	(1)单位生产能力估算法的应用。 (2)生产能力指数法的应用。
思政目标		(1)牢固树立社会主义核心价值观，做依法纳税的良好公民。 (2)牢固树立法治观念，深化对法治理论、法治原则、重要法律概念的认知。

1.1　建筑工程经济的概念

建筑工程经济针对工程建设的整个过程，系统地介绍了建筑工程经济的基本理论、方法和实践。其主要内容包括工程建设程序、项目可行性研究、资金的时间价值及项目经济效果评价。建筑工程经济学研究和阐述了社会主义市场经济条件下建筑工程经济运动和发展的客观规律。

1.2　建筑工程经济的研究对象与特点

1.2.1　建筑工程经济的研究对象

建筑工程经济的研究对象是建筑工程(项目)方案的经济分析的基本方法和经济社会评价方法，即运用哪些经济学理论，采用何种分析工具，建立什么样的方法体系，才能正确地估价建筑工程(项目)方案的有效性，寻求到建筑工程技术方案与经济效益的最佳结合点。具体来说，建筑工程经济的研究对象主要有以下三个方面。

1. 研究建筑技术方案的经济效果，寻找具有最佳经济效果的方案

经济效果是指实现技术方案的产出与投入比。产出是指技术方案实施后的一切效果；投入是指各种资源的消耗和占用。研究技术方案的经济效果往往是在技术方案实施前，通过对各种可能方案的分析、比较、完善，选出经济效果最佳的技术方案，保证决策的科学性，以减少失误。这是关系到有限资源最佳利用的大事，也是关系到国家和企业竞争力强弱的重大方面。

2. 研究建筑技术与经济相互促进、协调发展的问题

技术与经济是相互促进、相互制约的。技术与经济的协调发展包含两层含义：其一，技术选择要视经济实力而行，不能脱离实际；其二，协调的目的是发展，发展是中心问题，要创造条件以争取可能条件下的发展速度。

处理技术与经济协调发展的核心问题是技术选择问题。从建筑企业的层面上要研究技术路线选择、设备选择、加工工艺选择、运输方式选择、“三废”技术选择等，这些都会直接关系到企业的竞争力。

3. 研究技术创新，推动技术进步，促进经济增长

科学技术是第一生产力，技术创新是促进建筑业经济增长的根本动力，是转变经济增长方式的唯一途径。技术创新的这种特殊地位决定了它是工程经济的重要研究对象。

创新是国家兴旺发达和建筑企业发展的不竭动力。我国把建立国家创新体系和技术创新机制作为建立社会主义市场经济体制的一个重要目标，把建立健全企业的技术创新体系作为建立现代企业制度的重要内容。改革开放以来，我国建筑业迅速发展，主要得益于技术创新。

1.2.2 建筑工程经济的研究特点

建筑工程经济的研究具有以下特点。

1. 综合性

工程经济横跨自然科学和社会科学两大领域。工程技术的经济问题往往是多目标、多因素的，因此建筑工程经济研究的内容涉及技术、经济、社会、政策、法规与生态等因素。

2. 实用性

建筑工程经济的研究对象来源于生产建设实际，其分析和研究成果直接用于建设与生产，并通过实践来验证其正确性。

3. 定量性

建筑工程经济以定量分析为主，对难以定量的因素，也要予以量化估计，其目的是用定量分析结果为定性分析提供科学依据。

4. 比较性

建筑工程经济分析通过经济效果的比较，从许多可行的技术方案中选择最优方案或满

意的可行方案。

5. 预测性

建筑工程经济分析是对将要实现的技术政策、技术措施、技术方案进行事先的分析评价。

1.3　建筑工程经济分析的评价要素

进行建设项目的经济评价，必须以一定数量的基础资料作为依据。投资、成本、营业收入和税费等经济变量构成了建筑工程经济分析的评价要素。

工程经济评价的要素(微课)

1.3.1　投资

投资是为了实现某种特定目标而进行的资金运用或投放的经济活动。根据国家发改委和建设部(发改投资〔2006〕1325 号)发布的《建设项目经济评价方法与参数》第三版的规定，建设项目的总投资包括固定资产投资和流动资产投资两大部分。

我国现行建设项目总投资的构成如图 1-1 所示。

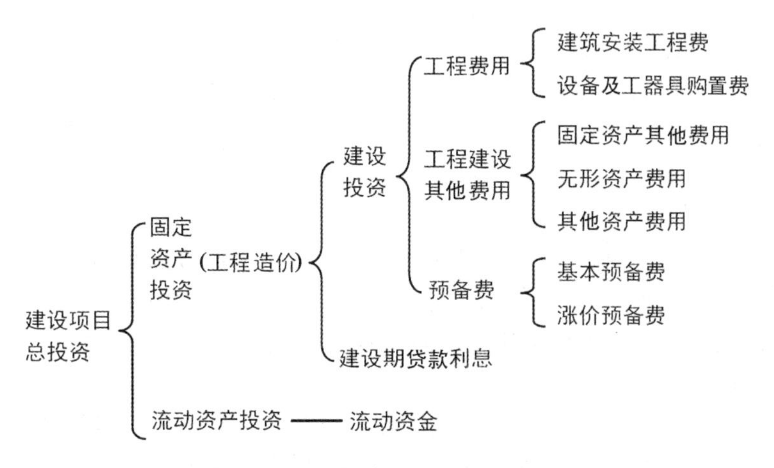

图 1-1　我国现行建设项目总投资的构成

1. 固定资产投资

固定资产是指使用年限超过一年，价值达到一定标准的非货币性资产，包括建筑物和构筑物、机器设备、运输设备以及其他与生产经营活动有关的设备、器具、工具等。

固定资产投资具有一次性投入资金多、循环期长、补偿资金逐年积累、一次性使用等特点。

固定资产投资，也就是工程造价，它由建筑安装工程费、设备及工器具的购置费、工程建设其他费用、预备费及建设期贷款利息组成。

固定资产估算的方法有单位生产能力估算法、生产能力指数法等。

1) 单位生产能力估算法

此方法依据调查的统计资料，利用已经建成的性质类似、规模相近的建设项目的单位生产能力投资(如元/吨、元/千瓦)乘以拟建项目的生产能力，即得拟建项目投资额。其计算公式为：

$$C_2=\left(\frac{C_1}{Q_1}\right)\times Q_2\times f$$

式中：C_1——已建类似项目的固定资产投资额；

C_2——拟建项目的固定资产投资额；

Q_1——已建类似项目的生产能力；

Q_2——拟建项目的生产能力；

f——不同建设时期、不同建设地点产生的定额、单价、费用等差异的综合调整系数。

2) 生产能力指数法

此方法是根据已建成的、性质相似的建设项目或生产装置的投资额和生产能力与拟建项目或生产装置的生产能力比较，估算拟建项目的投资额。其计算公式为：

$$C_2=C_1\left(\frac{Q_2}{Q_1}\right)^n\times f$$

式中：n——生产能力指数；其他符号含义同前。

2. 流动资产投资

流动资产是指可以在一年内或超过一年的一个营业周期内变现、耗用的资产，如现金、银行存款、应收款项、短期投资、存货等。它是生产经营性项目投产后，为进行正常生产运营，用于购买原材料、燃料，支付工资及其他经营费用等所需的周转资金。个别情况或者小型项目可采用扩大指标估算法。流动资金估算一般采用分项详细估算法。

1) 扩大指标估算法

扩大指标估算法是一种简化的流动资金估算方法，一般可参照同类企业流动资金占销售收入、经营成本的比例，或者单位产量占用流动资金的数额估算。虽然扩大指标估算法简便易行，但准确度不高，一般适用于项目建议书阶段的流动资金估算。

2) 分项详细估算法

分项详细估算法是对流动构成的各项流动资产和流动负债分别进行估算，在可行性研究中，为简化起见，仅对存货、现金、应收账款和应付账款4项内容进行估算，计算公式为：

流动资金=流动资产−流动负债

流动资产=应收账款+存货+现金

流动负债=应付账款

流动资金本年增加额=本年流动资金−上年流动资金

流动资金估算的具体步骤如下。

(1) 周转次数计算(即周转率)。

周转次数=360/最低周转天数

存货、现金、应收账款和应付账款的最低周转天数，参照类似企业的平均周转天数并结合项目特点确定，或按部门(行业)规定计算。

(2) 应收账款估算。应收账款是指企业已对外销售商品、提供劳务尚未收回的资金，包括很多科目，一般只计算应收销售款，计算公式为：

应收账款=年销售收入/应收账款周转次数

(3) 存货估算。存货是企业为销售或耗用而储备的各种货物，主要有原材料、辅助材料、燃料、低值易耗品、修理用备件、包装物、在产品、自制半成品和产成品等，为简化计算，仅考虑外购原材料、外购燃料、在产品和产成品，并逐项进行计算。计算公式为：

存货=外购原材料+外购燃料+在产品+产成品

外购原材料=年外购原材料总成本/原材料周转次数

外购燃料=年外购燃料/按种类分项周转次数

在产品=(年外购原材料+年外购燃料+年工资及福利费+年修理费+年其他制造费用)/在产品周转次数

产成品=年经营成本/产成品周转次数

(4) 现金需要量估算。项目流动资金中的现金是指货币资金，即企业生产运营活动中停留于货币形态的那一部分资金，包括企业的现金和银行存款，计算公式为：

现金需要量=(年工资及福利费+年其他费用)/现金周转次数

年其他费用=制造费用+管理费用+销售费用−(以上 3 项费用中所含的工资及福利费、折旧费、维护费、摊销费、修理费)

(5) 流动负债估算。流动负债是指在一年或超过一年的一个营业周期内，需要偿还的各种债务。一般流动负债的估算只考虑应付账款一项，计算公式为：

应付账款=(年外购原材料+年外购燃料)/应付账款周转次数

1.3.2　成本费用

工程经济评价的要素

第 2 讲(微课)

成本费用是从劳动消耗角度衡量项目投入的基本指标，它综合反映了企业生产经营活动的技术水平、工艺完善程度、资金利用率、劳动生产率水平和经营管理水平。

1. 总成本费用

总成本费用是指项目在一定时期(一般为一年)内，为生产和销售产品而花费的全部成本和费用。总成本费用由生产成本和期间费用两部分构成。

1) 生产成本

生产成本亦称制造成本，是指企业生产经营过程中实际消耗的直接材料、直接工资、其他直接支出和制造费用。其主要包括以下内容。

(1) 直接材料。其包括企业生产经营过程中实际消耗的原材料、辅助材料、设备配件、外购半成品、燃料、动力、包装物、低值易耗品以及其他直接材料。

(2) 直接工资。其包括企业直接从事产品生产人员的工资、奖金、津贴和补贴。

(3) 其他直接支出。其包括直接从事产品生产人员的职工福利费等。

(4) 制造费用。制造费用是指企业各个生产单位(分厂、车间)为组织和管理生产所发生的各项费用(包括生产单位附厂、车间)、管理人员工资、职工福利费、折旧费、维简费、修理费、物料消耗、低值易耗品摊销、劳动保护费、水电费、办公费、差旅费、运输费、保险费、租赁费(不包括融资租赁费)、设计制图费、试验检验费、环境保护费以及其他制造费用。

2) 期间费用

期间费用是指在一定期间发生的与生产经营没有直接关系和关系不密切的管理费用、财务费用和销售费用。期间费用不计入产品的生产成本，直接体现为当期损益。

(1) 管理费用。管理费用是指企业行政管理和组织经营活动发生的各项费用，包括公司经费(工厂总部管理人员工资、职工福利费、差旅费、办公费、折旧费、修理费、物料消耗、低值易耗品摊销以及其他公司经费)、工会经费、职工教育经费、劳动保险费、董事会费、咨询费、顾问费、交际应酬费、税金(指企业按规定支付的房产税、车船使用税、土地使用税、印花税等)、土地使用费(海域使用费)、技术转让费、无形资产摊销、开办费摊销、研究发展费以及其他管理费用等。

(2) 财务费用。财务费用是指企业为筹集资金而发生的各项费用，包括企业生产经营期间的利息净支出(减利息收入)、汇兑净损失、调剂簿记手续费、金融机构手续费以及筹资发生的其他财务费用等。

(3) 销售费用。销售费用是指企业在销售产品、自制半成品和提供劳务等过程中发生的各项费用以及专设销售机构的各项经费，摊销以及其他经费包括应由企业负担的运输费、包装费、委托代销费、广告费、展览费、租赁费(不包括融资租赁费)和销售服务费用、销售部门人员工资、职工福利费、差旅费、办公费、折旧费、修理费、物料消耗、低值易耗品等。

2. 经营成本

经营成本是指项目总成本费用扣除固定资产折旧费、维简费、无形及递延资产摊销费和利息支出以后的全部费用，即

经营成本=总成本费用-折旧费-维简费-摊销费-利息支出

经营成本中不包括折旧费、维简费、摊销费和借款利息的原因如下。

(1) 现金流量图(表)反映项目在计算期内逐年发生的现金流入和流出。由于投资已在其发生的时间作为一次性支出被计入现金流出，所以不能再以折旧和摊销的方式计为现金流出，否则会发生重复计算，因此，作为经常性支出的经营成本中不包括折旧费和摊销费。同理，也不包括矿山维简费。

(2) 因为全部投资现金流量图(表)是以全部投资作为计算基础，利息支出不作为现金流出，而自有资金现金流量表已将利息支出单列，因此经营成本中也不包括利息支出。

3. 固定成本和可变成本

产品成本按其与产量变化的关系分为可变成本、固定成本和半可变(或半固定)成本。

固定成本指在一定期间和一定生产规模限度内，不随产品产量而变化的费用。它一般包括在制造费用成本项目中。如生产单位固定资产折旧费、修理费、管理人员工资及职工福利费、办公费和差旅费等。这些费用的特点是：当产品产量增加时，费用总额保持不变，而反映在单位产品成本上，这些费用减少；同样，当产品产量减少时，费用总额并不减少，而反映在单位产品成本上，这些费用增加了。

可变成本指产品成本中随产品产量的增减而成比例地增减的费用，如直接原材料费、直接燃料和动力费、产品包装费等。这些费用的特点是：当产品产量变动时，费用总额成

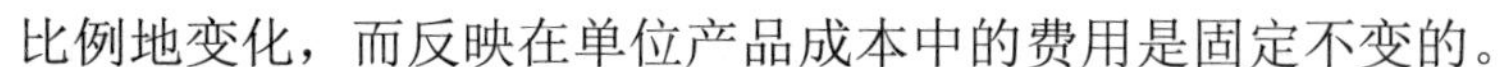

比例地变化，而反映在单位产品成本中的费用是固定不变的。

半可变(或半固定)成本是指其费用总额随产量增减而变化，但非成比例变化，如制造费用中的运输费。

4. 总成本费用的估算

总成本费用的估算方法有分项估算法、类比估算法和统计估算法等。在新产品开发和采用新技术论证时，宜采用其中的类比估算法。

分项估算法把总成本费用分为外购原材料、外购燃料及动力、工资及福利费、修理费、折旧费、维简费、摊销费、利息支出和其他费用等 9 大项，先分别利用相应的方法估算出每部分费用，再加总各部分费用估算额即可得总成本费用估算额。

类比估算法是假设总成本费用各项费用之间的相对比例，在一段很长时间内是不变的，并以占生产成本比重最大的费用(如材料费)为基础，来进行总成本费用估算。

统计估算法是根据可靠的大量丰富的同类产品的成本资料，绘制成产品成本费用与某些参数(如产量、功率、重量等)之间的关系曲线，然后根据这些曲线可以求得不同参数值(曲线允许范围内)所对应的产品成本费用。下面重点介绍一下分项估算法，其计算公式为：

总成本费用=外购原材料+外购燃料动力+工资及福利费+修理费+折旧费+维简费+摊销费+利息支出+其他费用

1) 外购原材料成本的估算

原材料成本是总成本费用的重要组成部分，其计算公式为：

$$原材料成本=全年产量\times单位产品原材料成本$$

式中，全年产量可根据测定的设计生产能力和生产负荷加以确定，单位产品原材料成本是依据原材料消耗定额及单价确定的。工业项目生产所需要的原材料种类繁多，在进行项目评估时，可根据具体情况，选取耗用量较大的、主要的原材料为估算对象(耗用量小的并入“其他原材料”估算)，依据国家有关规定和经验数据估算原材料成本。

2) 外购燃料动力成本的估算

外购燃料动力成本的估算公式为：

$$燃料动力成本=全年产量\times单位产品燃料动力成本$$

3) 工资及福利费的估算

按全厂定员人数和年平均工资及福利费标准来估算。福利一般可按照职工工资总额的 14%计提。

4) 折旧费的计算

折旧，就是固定资产在使用过程中，通过逐渐损耗(包括有形损耗和无形损耗)而转移到产品成本或商品流通费中的那一部分价值。

5) 修理费的估算

修理费包括大修理费用和中小修理费用。在现行财务制度中，修理费按实际发生额计入成本费用中。其当年发生额较大时，可计入递延资产，在以后年度摊销，摊销年限不能超过 5 年。但在项目评估时无法确定修理费具体发生的时间和金额，一般是按照折旧费的 50%计算。

6) 维简费的估算

维简费是指采掘、采伐工业按生产产品数量(采矿按每吨原矿产量，林区按每立方米原

木产量)提取的固定资产更新的技术改造资金，即维持简单再生产的资金。企业发生的维简费直接计入成本，其计算方法和折旧费相同。

7) 摊销费的估算

摊销费是指无形资产和递延资产在一定期限内分期摊销的费用。

无形资产的摊销关键是确定摊销期限。无形资产应按规定期限分期摊销，即法律和合同或者企业申请书分别规定有法定有效期和受益年限的按照法定有效期与合同或者企业申请书规定的收益年限缩短的原则确定；没有规定期限的，按不少于 10 年的期限分期摊销。递延资产按照不短于 5 年的期限分期摊销。

8) 利息支出的估算

利息支出是指筹集资金而发生的各项费用，包括生产经营期间发生的利息净支出，即在生产期发生的建设投资贷款利息和流动资金贷款利息之和。

9) 其他费用的估算

其他费用是指在制造费用、管理费用、财务费用和销售费用中扣除工资及福利费、折旧费、修理费、摊销费、利息支出后的费用。

在项目评估中，其他费用一般是根据总成本费用中前 7 项(外购原材料成本、外购燃料的动力成本、工资及福利费、折旧费、修理费、维简费及摊销费)之和的一定比例计算的，其比例应按照同类企业的经验数据加以确定。

1.3.3 销售收入与利润

1. 销售收入

销售收入也称作营业收入，是指企业销售产品或提供劳务等取得的收入，包括产品销售收入和其他销售收入。产品销售收入包括销售产成品、代制品、代修品、自制半成品和工业性劳务销售收入等。其他销售收入包括除商品产品销售收入以外的其他销售和其他业务收入，如材料销售收入、技术转让、包装物出租、外购商品销售收入以及运输等非工业性劳务收入。销售收入公式为：

销售收入=产品销售数量×产品单价

2. 利润

利润是企业在一定时期内全部生产经营活动所取得的最终成果。它能够综合反映企业生产经营各方面的情况。利润的指标有销售利润、利润总额和税后利润。相关计算公式为：

销售利润=销售收入−总成本费用−销售税金及附加

利润总额=销售收入−总成本费用−销售税金及附加−资源税(特种基金)

税后利润=利润总额−所得税

1.3.4 税金

1. 税收的概念

税收是政府为了实现其职能，凭借政治权力，按照预定的标准向社会成员和组织强制、无偿地取得财政收入的一种主要形式。

2. 税收的特征

1) 无偿性

政府征税以后不需要偿还，也不需要向纳税人提供任何代价，包括实物和特权。

2) 强制性

政府凭借政治权力强制征收，纳税人必须依法纳税，否则就要受到法律的制裁。

3) 固定性

税法中规定了政府要征什么税种、征税对象、纳税人和税率。这些内容规定之后一般不会频繁变动。

3. 常见税种

1) 流转税

流转税指以纳税人商品生产、流通环节的流转额或者数量以及非商品交易的营业额为征税对象的一类税收。从我国税收实践看，流转税主要包括增值税、消费税、营业税和关税。我国的税制结构是以流转税为主。

2) 所得税

所得税是按单位和个人在一定时期内的纯所得额征税。企业所得税的一般税率是 25%。企业所得税的计算公式为：

$$企业所得税=(企业年总收入-准予扣除项目)\times 税率$$

3) 资源税

资源税是以被开发或占用的资源为征收对象的税种。资源税向开采原油、矿藏的单位和个人征收。设此税的目的在于调节因资源条件差异而引起的资源级差收入，促使国有资源被合理开采使用，并为国家取得财政收入。

4) 财产税

财产税是指以法人和自然人拥有及转移的财产价值或增值额为征税对象的税种。

1.4 建筑工程经济分析的基本原则与方法

1.4.1 建筑工程经济分析的基本原则

1. 满足需要可比原则

产量可比是指各技术方案实际满足社会需要的产品产量相等。当两个方案的产量相等时，其投资和经营成本可直接比较；当产量不等且差别不显著时，可用单位产品投资额和单位产品经营成本相比较；当产量不等且差别显著时，可重复建设一个方案，再用上述方法进行比较(若两个方案的产量成整数倍，修正为同一产量水平后用第一种方法比较，即从总量上比较；如两个方案的产量不成整数倍，修正之后须用第二种方法比较)。

2. 消耗费用可比原则

对技术方案的比较，从根本上来说是比较方案的经济效益，所以用来比较的各方案，不仅要求在满足需要上是可比的，而且在消耗费用上也要求是可比的。消耗费用的可比原

则是：在计算和比较费用指标时，不仅要计算和比较方案本身的各种费用，还应考虑相关费用，并且应采用统一的计算原则和方法来计算各种费用。相关费用是指实现本方案而引起生产上相关的环节(或部门)所增加(或节约)的费用。采用统一的原则是指在计算技术方案的消耗费用时，各方案的费用构成项目和计算范围必须一致。

3. 价格可比原则

价格可比原则是指在对技术方案进行经济计算时，必须采用合理的、一致的价格。“合理的价格”是指价格必须正确反映产品价值，各种产品之间的比价合理。由于许多产品的价格与价值相背离的现象很严重，如果采用这种价格进行经济分析，常给经济评价带来假象，以致得出错误的结论。为了避免这种错误结论，就需要对价格进行修正，即对各个技术方案进行经济效益评价时需用合理的价格。“一致的价格”是指价格的种类一致。由于科学技术的进步，劳动生产率的不断提高，产品成本的不断下降，导致各种技术方案的消耗费用也随之逐渐减少，产品价格也要发生变化，故要求在对不同技术方案进行比较和评价时，必须采用相应时期的价格，即用一致的价格。

4. 时间因素可比原则

时间因素可比原则要求在对经济寿命不同的技术方案进行比较时，应采用相同的计算期。考虑到时间因素的影响，由于资金具有时间价值，各方案有关收入费用的发生时间不同，持续的时间长短不一致，各时期发生的数额不一样，因而其产生的经济效益有差别。必须在同时期基准上，考虑资金的复利后才能进行计算和比较，这就是时间因素可比原则。

1.4.2 建筑工程经济分析的方法

建筑工程经济分析的方法主要有费用效益分析法、方案比较法、预测法、价值工程法、综合评价法。

1. 费用效益分析法

费用效益分析法是指通过权衡效益与费用来评价项目可行性的一种分析方法。 它分为财务效益与费用分析和经济费用效益分析两种。这是对经济活动方案的得失、优劣进行评价、比较以供合理决策的一种经济数量分析方法。这种方法多用于工程建设的项目评价中。费用效益分析还被当作一种特殊形式的经济系统分析，因为它所比较的费用与效益都是作为与该经济活动的目标相关的、从社会的观点来考虑的，分析本身也是为了提供建议和帮助作出决策。

2. 方案比较法

方案比较法亦称“技术经济比较法”，是对同一工程项目的几个技术经济方案，通过反映技术经济效果的指标体系，进行计算、比较、分析和论证，选择经济合理的最佳技术方案。这是一种传统的最常用的技术经济分析评价方法，由于此法较为成熟又简单易行，有一套比较完整的程序，因而在实践中被广泛应用。运用此法需要满足两方面要求：一是对比技术方案应满足经济衡量标准，即有规定的标准定额指标，如基准投资收益率、标准投资效果系数和定额投资回收期等；二是对比技术方案要满足经济评价的可比原则，即具有共同的可比条件。因此，这个比较方法，实际上就是把技术方案的经济衡量标准和经济比较原理两者结合起来进行具体计算、比较和分析的方法。

3. 预测法

预测法分为定性预测法和定量预测法。

1) 定性预测法

定性预测法指在数据资料掌握不多的情况下，依靠人的经验和分析能力，用系统的逻辑的思维方法，把有关资料加以综合，对未来经济发展的趋向进行预测的方法。定性预测法包括德尔菲法、主观概率预测法、判断预测法等方法。定性预测法强调对事物发展的特性进行描述性的预测。定性预测法灵活性较强，用定性预测法预测简单迅速，可节省一定的人力、物力和财力。

2) 定量预测法

定量预测法是指运用经济统计的数据资料，根据预测经济变量之间的关系，建立经济预测模型，再推出预测值。定量预测法根据使用数据的不同性质又分为时间序列预测法和因果模型预测法。

4. 价值工程法

价值工程法又称为价值分析法，价值工程是一门新兴的管理技术，是降低成本、提高经济效益的有效方法。

价值工程，指的是通过集体智慧和有组织的活动对产品或服务进行功能分析，使目标以最低的寿命周期成本，可靠地实现产品或服务的必要功能，从而提高产品或服务的价值。价值工程的主要思想是通过对选定研究对象的功能及费用进行分析，提高对象的价值。

5. 综合评价法

运用多个指标对多个参评单位进行评价的方法，称为多变量综合评价方法，简称综合评价方法。其基本思想是将多个指标转化为一个能够反映综合情况的指标来进行评价。如不同国家的经济实力、不同地区的发展水平、小康生活水平的达标进程、企业经济效益评价等，都可以应用这种方法。

综合评价方法包括主成分分析法、数据包络分析法、模糊评价法等。

思考与练习

一、单项选择题

1. 下列不属于流转税的是(　　)。

A. 增值税　　B. 消费税　　C. 营业税　　D. 资源税

2. 已知某纺织厂年产 400 万匹布，投资 600 万元，现要新建年产量为 200 万匹的 A 分厂，当工程能力指数等于 0.8 时，根据生产规模指数法估算 A 厂的固定资产投资额为(　　)。

A. $600\times(200/400)^{0.8}$　　B. $600\times(200/400)$

C. 600×0.8　　D. $600\times(400/200)^{0.8}$

3. 工程项目中的投资不包括(　　)。

A. 固定资产投资　　B. 销售费用

C. 流动资金投资　　D. 无形资产投资

4. 投资费用是指(　　)。

A. 投资活动中支出的货币资金

B. 工程项目建造和购置中支出的货币资金

C. 投资活动中的消耗和占用

D. 在资金支出的背后，投资品、施工力量及其他物质产品的消费

5. 土地使用权属于(　　)。

A. 递延资产　　B. 固定资产　　C. 流动资产　　D. 无形资产

二、简答题

1. 建筑工程经济的研究对象包括哪些？
2. 什么是固定资产投资？什么是流动资产投资？
3. 什么是建设项目的经济评价？工程经济分析应遵循的基本原则是什么？
4. 工程经济分析的基本要素有哪些？
5. 建筑工程经济的特点是什么？
6. 简述建筑工程经济分析的方法。

模块 2　现金流量与资金时间价值

<table>
<tr><td colspan="2">学习目标</td><td>(1)熟悉现金流量的概念，理解资金时间价值的含义，掌握现金流量图的绘制方法。
(2)熟悉名义利率与实际利率的计算及应用。
(3)掌握资金时间价值复利计算的基本公式及等值计算的基本方法。</td></tr>
<tr><td rowspan="2">重点和难点</td><td>重点</td><td>(1)资金时间价值的概念。
(2)资金等值的概念。
(3)名义利率与有效利率。</td></tr>
<tr><td>难点</td><td>(1)资金等值的概念及计算。
(2)资金成本的概念及计算。</td></tr>
<tr><td colspan="2">思政目标</td><td>(1)牢固树立资金时间价值的价值观念，为将来的投资决策打下坚实的基础。
(2)树立正确的金钱观，远离校园贷。</td></tr>
</table>

2.1　现 金 流 量

2.1.1　现金流量的概念

现金流量及其构成(微课)

在进行工程经济分析时，可以把所考察的对象视为一个系统，这个系统可以是一个建设项目、一个企业，也可以是一个地区、一个国家。投入的资金、花费的成本和获取的收益，均可看成是以资金形式体现的该系统的资金流出或资金流入。这种在考察对象整个期间各时间点 t 上实际发生的资金流出或资金流入被称为现金流量，其中，流出系统的资金被称为现金流出，用符号(CO)t 表示；流入系统的资金被称为现金流入，用符号(CI)t 表示；现金流入与现金流出之差称为净现金流量，用符号(CI−CO)t 表示。

一般用两种方式表达现金流量：现金流量图与现金流量表。现金流量图如图 2-1 所示，现金流量表如表 2-1 所示。

图 2-1 中，箭线的长短表示现金流入(出)量，箭线的方向表示现金的流向，向上代表现金流入，向下代表现金流出，1，2，3，…，n 代表在第 1，2，3，…，n 年末。

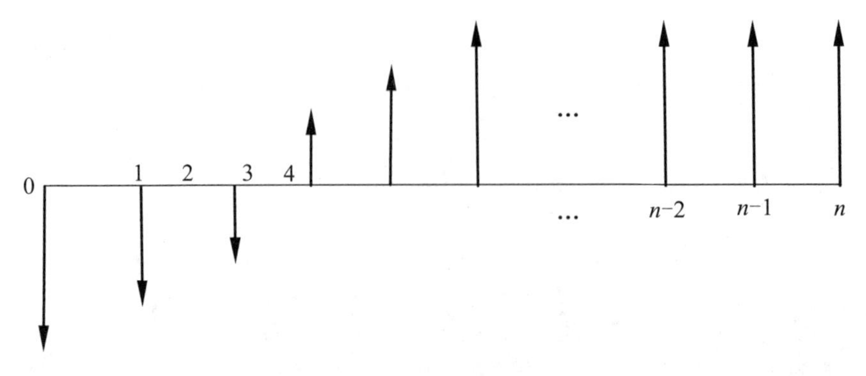

图 2-1 现金流量图

表 2-1 现金流量表

年末	0	1	2	3	4	5	…	n−1	n
现金流入				1 200	2 000	2 500	…	2 500	2 900
现金流出	5 000			600	700	800	…	800	1 000
净现金流量	−5 000	0	0	600	1 300	1 700	…	1 700	1 900
累计现金流量	−5 000	−5 000	−5 000	−5 400	−4 100	−2 400	…	…	…

表 2-1 用表格的形式描述了不同时点上发生的各种现金流量的大小和方向。

2.1.2 现金流量图的绘制

现金流量图就是一种反映经济系统资金运动状态的图，即把经济系统的现金流量加入一时间坐标中，表示出各现金流入、流出与相应时间的对应关系，运用现金流量图，就可以全面、形象、直观地表达经济系统的资金运动状态。

(1) 以横轴为时间轴向右延伸表示时间的延续，时间轴上的每一刻度表示一个时间单位，可取年、半年、季或月等，零表示时间序列的起点。

(2) 相对于时间坐标的垂直的箭线代表不同时点的现金流量情况。在横轴上方的箭线表示现金流入，即表示收益；在横轴下方的箭线表示现金流出，即表示费用。

(3) 在现金流量图中，箭线长短与现金流量数值大小应成比例。

(4) 箭线与时间轴的交点即为现金流量发生的时间单位。

总之，要正确绘制现金流量图，必须把握好现金流量的三要素，即现金流量的大小(现金流量数额)、方向(现金流入或流出)和作用点(现金流量发生的时间点)。

2.2 资金时间价值

2.2.1 资金时间价值的内涵

资金的时间价值(微课)

在工程经济计算中，技术方案的经济效益，所消耗的人力、物力和自然资源，最后都是以价值形态，即资金的形式表现出来的。资金运动反映了物化劳动和活劳动的运动过程，而这个过程也是资

金随时间运动的过程。因此，在工程经济分析时，不仅要着眼于技术方案资金量的大小(资金收入和支出的多少)，同时也要考虑资金发生的时间。资金是运动的价值，资金的价值是随时间变化而变化的，是时间的函数，随时间的推移而增值，其增值的这部分资金就是原有资金的时间价值。其实质是资金作为生产经营要素，在扩大生产及其资金流通过程中，资金随时间周转使用的结果。

影响资金时间价值的因素很多，其中主要有以下几个。

1. 资金的使用时间

在单位时间的资金增值率一定的条件下，资金使用时间越长，则资金的时间价值越大；使用时间越短，则资金的时间价值越小。

2. 资金数量的多少

在其他条件不变的情况下，资金数量越多，资金的时间价值就越多；反之，资金的时间价值越少。

3. 资金投入和回收的特点

在总资金一定的情况下，前期投入的资金越多，资金的负效益越大；后期投入的资金越多，资金的负效益越小。而在资金回收额一定的情况下，离现在的时间越近，回收的资金越多，资金的时间价值就越多；反之，离现在的时间越远，回收的资金越多，资金的时间价值就越少。

4. 资金周转的速度

资金周转越快，在一定的时间内等量资金的周转次数越多，资金的时间价值越多；反之，资金的时间价值越少。

总之，资金的时间价值是客观存在的，生产经营的一项基本原则就是充分利用资金的时间价值并最大限度地获得其时间价值，这就要求加速资金周转，早期回收资金，并不断从事利润较高的投资活动；任何资金的闲置，都是损失资金的时间价值。

2.2.2　利息与利率

对于资金时间价值的换算方法，一般采用复利计算利息的方法，因为利息就是资金时间价值的一种重要表现形式之一。而且通常用利息额的多少作为衡量资金时间价值的绝对尺度，用利率作为衡量资金时间价值的相对尺度。

1. 利息

在借贷过程中，债务人支付给债权人超过原借贷金额的部分就是利息，即

$$I = F - P \tag{2-1}$$

式中：I 为利息；F 为目前债务人应付(或债权人应收)总金额，即还本付息总额；P 为原借贷金额，常称为本金。

从本质上看，利息是由贷款发生利润的一种再分配。在工程经济分析中，利息常常被看成是资金的一种机会成本。这是因为如果放弃资金的使用权利，就相当于失去收益的机

会，也就相当于付出了一定的代价。事实上，投资就是为了在未来获得更大的收益而对目前的资金进行某种安排。很显然，未来的收益应当超过现在的投资，正是这种预期的价值增长才能刺激人们进行投资。因此，在工程经济分析中，利息常常是指占用资金所付的代价或者是放弃使用资金所得的补偿。

2. 利率

在经济学中，利率的定义是从利息的定义中衍生出来的。也就是说，在理论上先承认了利息，再以利息来解决利率。在实际计算中，正好相反，常常根据利率计算利息。

利率就是在单位时间内所得利息额与原借贷金额之比，通常用百分数表示，即

$$i=\frac{I_t}{P}\times 100\% \tag{2-2}$$

式中：i 为利率；I_t 为单位时间内所得的利息额；P 为本金。

用于表示计算利息的时间单位称为计息周期，计息周期 t 通常为年、半年、季、月、周或天。

【例 2-1】 某公司现借得本金 1 000 万元，一年后付息 80 万元，则年利率为：

$$\frac{80}{1\,000}\times 100\%=8\%$$

利率是各国发展国民经济的重要杠杆之一，利率的高低由以下因素决定。

(1) 利率的高低首先取决于社会平均利润率的高低，并随之变动。在通常情况下，社会平均利润率是利率的最高界限。因为如果利率高于利润率，人们无利可图就不会去借款。

(2) 在社会平均利润率不变的情况下，利率高低取决于金融市场上借贷资本的供求情况，借贷资本供过于求，利率便会下降；反之，求过于供，利率便会上升。

(3) 借出资本要承担一定的风险，风险越大，利率也就越高。

(4) 通货膨胀对利息的波动有直接影响，资金贬值往往会使利息无形中成为负值。

(5) 借出资本的期限长短。贷款期限长，不可预见因素多，风险大，利率就高：反之，利率就低。

3. 利息和利率在工程经济活动中的作用

利息和利率在工程经济活动中的作用包括以下几点。

(1) 利息和利率是以信用方式动员和筹集资金的动力。以信用方式筹集资金有一个特点，即自愿性，而自愿性的动力在于利息和利率。比如一个投资者，首先要考虑的是投资某一项目所得到的利息是否比把这笔资金投入其他项目所得的利息多。如果多，他就可以在这个项目投资；如果所得的利息达不到其他项目的利息水平，他就可能不会在这个项目投资。

(2) 利息促进投资者加强经济核算，节约使用资金。投资者借款需支付利息，增加支出负担，这就促使投资者必须精打细算，把借入资金用到刀刃上，减少借入资金的占用，以少付利息，同时可以使投资者自觉减少多环节占压资金。

(3) 利息和利率是宏观经济管理的重要杠杆。国家在不同的时期制定不同的利息政策，对不同地区、不同行业规定不同的利率标准，从而对整个国民经济进行调控。例如对于限制发展的行业，利率规定得高一些；对于提倡发展的行业，利率规定得低一些，从而引导

行业和企业的生产经营服从国民经济发展的总方向。同样，占用资金时间短的，收取低息；占用时间长的，收取高息。对产品适销对路，质量好、信誉高的企业，在资金供应上给予低息支持；反之，则收取较高利息。

(4) 利息与利率是金融企业经营发展的重要条件。金融机构作为企业，必须获取利润。由于金融机构的存、放款利率不同，其差额成为金融机构的业务收入。此业务收入扣除业务费后就是金融机构的利润，所以利息和利率能刺激金融企业的经营发展。

4. 利息的计算

利息计算有单利和复利之分。当计息周期在一个以上时，就需要考虑“单利”与“复利”的问题。

(1) 单利。单利是指在计算利息时，仅用最初本金来计算，而不计入先前计息周期中所累积增加的利息，即通常所说的“利不生利”的计息方法，其计算式如下：

$$I_t = P \times i_{单} \tag{2-3}$$

式中：I_t代表第 t 计息周期的利息额；P 代表本金；$i_{单}$ 为计息周期单利利率。

而 n 期末单利本利和 F 等于本金加上总利息，即

$$F = P + I_n = P(1 + n \times i_{单}) \tag{2-4}$$

式中：I_n代表第 n 个计息周期所付或所收的单利总利息，即

$$I_n = \sum_{t=1}^{n} I_t = \sum_{t=1}^{n} P \times i_{单} = P \times i_{单} \times n \tag{2-5}$$

在以单利计息的情况下，总利息与本金、利率以及计息周期数成正比关系。

此外，在利用式(2-4)计算本利和 F 时，要注意式中 n 和 $i_{单}$ 反映的时期要一致。如 $i_{单}$ 为年利率，则 n 应为计息的年数；若 $i_{单}$ 为月利率，即 n 应为计息的月数。

【例 2-2】 假如公司以单利方式借入 1 000 万元，年利率为 8%，第四年年末偿还，则各年利息和本利和如表 2-2 所示。

表 2-2　单利计算分析表

单位：万元

使 用 期	年初款额	年末利息	年末本利和	年末偿还
1	1 000	1 000×8% = 80	1 080	0
2	1 080	80	1 160	0
3	1 160	80	1 240	0
4	1 240	80	1 320	1 320

由表 2-2 可知，单利的年利息额都仅由本金所产生，其新生利息不再加入本金产生利息，此即“利不生利”。这不符合客观的经济发展规律，没有反映资金随时都在“增值”的概念，也即没有完全反映资金的时间价值。因此，在工程经济分析中单利使用较少，通常只适用于短期投资或短期贷款。

(2) 复利。复利是指在计算某一计息周期的利息时，其先前周期上所累积的利息要计算利息，即“利生利”“利滚利”的计息方式，其表达式如下：

$$I_t = i \times F_{t-1} \tag{2-6}$$

式中：i 为计息周期复利利率；F_{t-1} 表示第$(t-1)$期末复利本利和。

而第 t 期末复利本利和的表达式如下：

$$F_t = F_{t-1} \times (1+i) \tag{2-7}$$

【例 2-3】 数据同例 2-2，按复利计算，则各年利息和本利和如表 2-3 所示。

表 2-3 复利计算分析表

单位：万元

使 用 期	年初款额	年末利息	年末本利和	年末偿还
1	1 000	1 000×8%=80	1 080	0
2	1 080	1 080×8%=86.4	1 166.4	0
3	1 166.4	1 166.4×8%=93.312	1 259.712	0
4	1 259.712	1 259.712×8%=100.777	1 360.489	1 360.489

由表 2-2 和表 2-3 可以看出，同一笔借款，在利率和计息周期均相同的情况下，用复利计算出的利息金额比用单利计算出的利息金额多，如例 2-2 与例 2-3 两者相差 40.49 (1 360.49−1 320)万元。本金越大，利率越高，计息周期越多时，两者差距就越大。复利计息比较符合资金在社会再生产过程中运动的实际状况。因此，在实际中得到了广泛的应用，在工程经济分析中，一般采用复利计算。

复利计算有间断复利和连续复利之分。按期(年、半年、季、月、周、日)计算复利的方法称为间断复利(即普通复利)；按瞬时计算复利的方法称为连续复利。在实际使用中都采用间断复利，一方面是出于习惯，另一方面是因为会计通常在年底结算全年的进出款，按年支付税金、保险金和抵押费用，因而采用间断复利考虑问题更适宜。

2.2.3 名义利率与有效利率

计算名义利率与有效利率(微课)

1. 名义利率与有效利率的概念

当计息周期与付息周期不一致时，如按付息周期来换算利率，则有名义利率和有效利率之分。在复利计算中，一般采用年利率。而年利率的计息周期最长为一年。若利率为年利率，实际计息周期也是一年，这时年利率就是有效利率；若利率为年利率，而实际计息周期小于一年，如按每季、每月或每半年计息一次，则这种利率就为名义利率。

有效利率是指资金在计息中所发生的实际利率，包括计息周期有效利率和年有效利率两种情况。

2. 名义利率的计算

名义利率 r 是指计息周期利率 i 乘以一年内的计息周期数 m 所得的年利率，即

$$r = i \times m \tag{2-8}$$

若计息周期月利率为 1%，则年名义利率为 12%。很显然，计算名义利率时忽略了前面各期利息再生的因素，这与单利的计算相同。通常所说的年利率都是名义利率。

3. 有效利率的计算

(1) 计息周期有效利率的计算。计息周期有效利率，即计息周期利率 i，其计算由式(2-8)可得：

$$i=\frac{r}{m} \tag{2-9}$$

(2) 年有效利率的计算。若用计息周期利率来计算年有效利率，并将年内的利息再生因素考虑进去，这时所得的年利率被称为年有效利率(又称年实际利率)。根据利率的概念即可推导出年有效利率的计算式。若名义利率为 r，在一年内计算利息 m 次，则实际利率 i 为：

$$i=\frac{P\left(1+\frac{r}{m}\right)^{m}-P}{P}=\left(1+\frac{r}{m}\right)^{m}-1 \tag{2-10}$$

式中：P 为本金；m 为计息周期或一年内的计息次数；r 为名义利率；i 为有效利率。

【例 2-4】 有两个银行可以提供贷款，甲银行年利率为 18%，一年计息一次，乙银行年利率为 17%，一个月计息一次，问应到哪个银行贷款。

【解】 甲银行的实际利率与名义利率相等，都是 18%，乙银行的实际利率为：

$$i=\left(1+\frac{0.17}{12}\right)^{12}-1=18.389\%$$

故应到甲银行贷款。

2.3　资金等值计算公式及应用

2.3.1　资金等值的概念

资金有时间价值，即使金额相同，因其发生在不同时间，其价值就不相同。反之，不同时点绝对不等的资金在时间价值的作用下却可能具有相等的价值。这些不同时期、不同数额但其“价值等效”的资金称为等值，又叫等效值。资金等值计算公式和复利计算公式的形式是相同的。常用的等值计算公式主要有终值和现值计算公式。

资金等值基本参数包括现值、终值、折现、年金。

(1) 现值。现值又称初值，通常用 P 表示，是指把将来某一时点的金额换算成计算周期开始时的数值。

(2) 终值。终值又称将来值，通常用 F 表示，是指一笔资金在若干个计息期末的价值，即整个计息期的本利和。

(3) 折现。折现又称贴现，是指把将来某一时点的金额换算成与现在时点等值的金额，这一核算过程叫“折现”(或贴现)。其换算的结果就是目前的“现值”。

(4) 年金。年金是指一定时期内每次等额收付的系列款项，通常用 A 表示。年金的形式多种多样，在现实生活中经常涉及，如保险费、折旧、租金、等额分期收款、等额分期付款以及零存整取或零存零取储蓄等。按每次收付发生的时点不同，年金可分为普通年金、即付年金、递延年金和永续年金等。

2.3.2 资金等值计算公式

资金的等值计算
第 1 讲(微课)

1. 一次支付终值公式

一次支付又称整付，是指所分析的现金流量无论是流入还是流出，均在某一时点上一次支付。一次支付终值公式是已知现值 P、利率 i，求 n 期末的将来值，即前面所述 n 期末的本利和公式(2-4)，即

$$F = P(1+i)^n = P(F/P,i,n) \tag{2-11}$$

式中：$(F/P,i,n)=(1+i)^n$ 为一次性支付终值系数，也称一次支付复利因子(或系数)。

为了使用者的方便，复利因子已制成复利因子(或系数)表。

【例 2-5】 某单位向银行贷款 100 万元，年利率为 8%，贷款期限为 6 年，到第 6 年年末一次偿清，则应付本利和多少万元？

【解】 已知 P=100，i=8%，n=6，则

$F = P(1+i)^n = P(F/P,i,n) = 100\times1.586\,9 = 158.69$(万元)

2. 一次支付现值公式

一次支付现值公式是已知将来值 F 及利率 i，求其之前 n 期的现值 P，也就是一次性支付终值公式的逆运算。

在工程经济评价中，为了对项目和方案进行评价、比较，需要将项目、方案发生于不同期的效益、费用进行“折现”，最后以现值之和的大小来进行评价。其公式为：

$$P = F(1+i)^{-n} = F(P/F,i,n) \tag{2-12}$$

式中：$(P/F,i,n)=(1+i)^{-n}$，$(1+i)^{-n}$ 为一次性支付现值系数，也称一次支付复利因子(或系数)。

【例 2-6】 某公司两年后拟从银行取出 80 万元，那么现在应存入银行多少万元？假定银行存款利率为年息 10%。

【解】 已知 F=80，n=2，i=10%，则

$P = F(1+i)^{-n} = F(P/F,i,n) = 80\times0.826\,4$=66.11(万元)

3. 多次支付系列现值及终值公式

在工程经济活动中，多次支付是最常见的支付情形。多次支付是指现金流量在多个时点发生，而不是集中在某一个时点上。如果用 A_k 表示第 k 期期末发生的现金流量大小，可正可负，用逐个折现的方法，可将多次支付现金流量换算成现值，即

$$\begin{aligned} P &= A_1(1+i)^{-1} + A_2(1+i)^{-2} + \cdots + A_n(1+i)^{-n} \\ &= \sum_{k=1}^{n} A_k(1+i)^{-k} \\ &= \sum_{k=1}^{n} A_k(P/F,i,k) \end{aligned} \tag{2-13}$$

式中：A_k 为 n 期内 k 期期末所发生的现金流。

同理，也可将多次支付现金流量换算成终值，其计算公式如下：

$$
\begin{aligned}
F &= A_1(1+i)^{n-1} + A_2(1+i)^{n-2} + \cdots + A_n(1+i)^{n-n} \\
&= \sum_{k=1}^{n} A_k(1+i)^{n-k} \\
&= \sum_{k=1}^{n} A_k(P/F,i,n-k)
\end{aligned}
\tag{2-14}
$$

4. 等额支付系列现值公式(年金现值公式)

等额支付系列是指现金流量在多个时点发生，各时点的现金流量序列是连续的，且数额相等，即

$$A_k = A = 常数 \tag{2-15}$$

式中：A 为年金，是指发生在(或折算为)某一特定时间序列各计息期末(不包括零期)的等额资金序列的价值。将 A 代入公式(2-14)中即得：

$$
\begin{aligned}
P &= A\sum_{k=1}^{n}(1+i)^{-k} \\
P &= A\left[\frac{1}{(1+i)} + \frac{1}{(1+i)^2} + \cdots + \frac{1}{(1+i)^n}\right]
\end{aligned}
\tag{2-16}
$$

将式(2-16)两端同乘以(1+i)再减去式(2-16)，可得到：

$$P = A\left[\frac{(1+i)^n - 1}{i(1+i)^n}\right] = A(P/A,i,n) \tag{2-17}$$

式中：$(P/A,i,n)$ 为等额序列现值系数(年金现值系数)。

【例 2-7】 某企业拟投资一个项目，预计建成后每年能获利 200 万元，若想在 5 年内收回全部贷款的本利和(贷款年利率为 12%)，则该项目总投资应控制在多少万元的范围内？

【解】 已知 A=200，n=5，i=12%，则

$$P = A\left[\frac{(1+i)^n - 1}{i(1+i)^n}\right] = A(P/A,i,n) = 200 \times 3.604\,8 = 720.96\,(万元)$$

5. 等额支付系列终值公式(年金终值公式)

把公式(2-12)代入公式(2-17)中，可得：

$$F = A\cdot\left[\frac{(1+i)^n - 1}{i}\right] = A(F/A,i,n) \tag{2-18}$$

式中：$(F/A,i,n)$ 为等额序列终值系数(年金终值系数)。

【例 2-8】 如果从第一年开始每年年末储蓄 8 000 元，年利率为 6%，求第 5 年年末本利和。

【解】 已知 A=8 000，n=5，i=6%，则

$$F = A\cdot\left[\frac{(1+i)^n - 1}{i}\right] = A(F/A,i,n) = 8\,000 \times 5.637\,1 = 45\,096.8\,(元)$$

6. 等额支付系列资金回收公式

资金回收公式是等额支付系列现值公式的逆运算。根据公式(2-17)得其计算式为：

$$A = P \cdot \left[\frac{i(1+i)^n}{(1+i)^n - 1} \right] = P(A/P,i,n) \tag{2-19}$$

式中：$(A/P, i, n)$ 为资金回收系数。

【例 2-9】 若现在投资 1 000 万元，预计年利率为 8%，分 5 年等额回收，则每年可回收多少资金？

【解】 已知 P=1 000，n=5，i=8%，则

$$A = P \cdot \left[\frac{i(1+i)^n}{(1+i)^n - 1} \right] = P(A/P,i,n) = 1\,000 \times 0.250\,5 = 250.5\ (\text{万元})$$

7. 等额支付系列偿债基金公式

偿债基金公式是等额序列终值公式的逆运算，根据公式(2-18)其计算式为：

$$A = F\left[\frac{i}{(1+i)^n - 1} \right] = (A/F,i,n) \tag{2-20}$$

式中：$(A/F,i,n)$ 为偿债基金系数。

【例 2-10】 某公司第 5 年年末应偿还一笔 60 万元的债务，设年利率为 10%，那么该公司每年年末应向银行存入多少钱，才能使其本利和在第 5 年年末正好偿清这笔债务？

【解】 已知 F=60，n=5，i=10%，则

$$A = F\left[\frac{i}{(1+i)^n - 1} \right] = F(A/F,i,n) = 60 \times 0.163\,8 = 9.83\ (\text{万元})$$

8. 多次支付等差系列公式

在许多工程经济问题中，现金流量每年均有一定数量的增加或减少。如房屋随着其使用的延伸，维修费将逐步有所增加。如果每年的递增或递减是等额的，则称之为等差序列年值。

若每年的基值为 A_1，以后每年按等额递增支付，每期增加额为 G，用等差序列表示为：

$$A_1, A_1 + G, A_1 + 2G, A_1 + 3G, \cdots, A_1 + (n-1)G$$

其现金流量如图 2-2 所示。该图可以简化为两个支付系列，一个是等额系列现金流量，年金为 A_1，另一个是每年递增额都为 G 的等差数列现金流量。

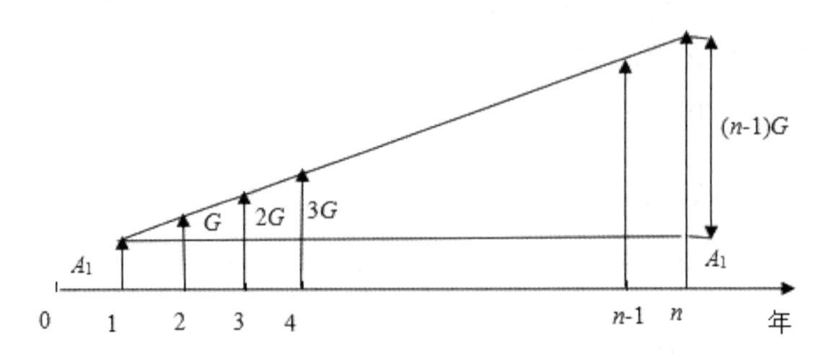

图 2-2 等差系列现金流量图

可以方便地推导出等差系列的终值公式与现值公式，分别如下：

$$F=\frac{G}{i}\left[\frac{(1+i)^n-1}{i}-n\right]=G(F/G,i,n) \tag{2-21}$$

式中：$\frac{1}{i}\left[\frac{(1+i)^n-1}{i}-n\right]$被称为等差系列终值系数，简写为$(F/G,i,n)$。

$$P=G\left[\frac{1}{i^2}-\frac{(1+i\times n)}{i^2(1+i)^n}\right]=G(P/G,i,n) \tag{2-22}$$

式中：$\left[\frac{1}{i^2}-\frac{(1+i\times n)}{i^2(1+i)^n}\right]$被称为等差系列现值系数，简写为$(P/G,i,n)$。

在某些技术经济问题中，其现金流按一定百分数逐年增减。例如，设备的动力材料消耗费等，其现金流为等比序列，此时可根据多次支付序列等值计算公式，轻松地推导出现金流为等比序列的资金等值计算公式，可参考有关文献，此处不再赘述。

【例 2-11】 租用建筑物的合同规定，除按每年年末支付房租 4 000 元外，还需逐年递增房租 500 元，租用期为 10 年，年利率为 5%，试分析现在需要支付多少元才能和十年的租金支付总额相等。

【解】 此问题的现金流量可分为两个部分：一是年金 $A_1=4\,000$ 元；二是逐年递增房租 500 元的现金流量系列，即 $G=500$，因此问题的求解结果为：

$$\begin{aligned}P&=A_1(P/A_1,5\%,10)+G(P/G,5\%,10)\\&=4\,000\times7.721\,7+500\times31.652\,0\\&=46\,712.8(\text{元})\end{aligned}$$

2.3.3　资金等值计算的应用

资金的等值计算
第 2 讲(微课)

1. 使用等值计算公式的注意事项

(1) 计息期数为时点或时标，本期末即等于下期初。零点就是第一期初，也叫零期；第一期末即等于第二期初；其余依此类推。

(2) P 是在第一计息期开始(零期)时发生。

(3) F 发生在考察期期末，即 n 期末。

(4) 各期的等额支付 A，发生在各期期末。

(5) 当问题包括 P 与 A 时，系列的第一个 A 与 P 隔一期，即 P 发生在系列 A 的前一期。

(6) 当问题包括 A 与 F 时，系列的最后一个 A 与 F 同时发生。不能把 A 定在每期期初，因为公式的建立与它是不相符的。

2. 等值计算的应用

资金等值计算公式的相互关系可用图 2-3 表示。

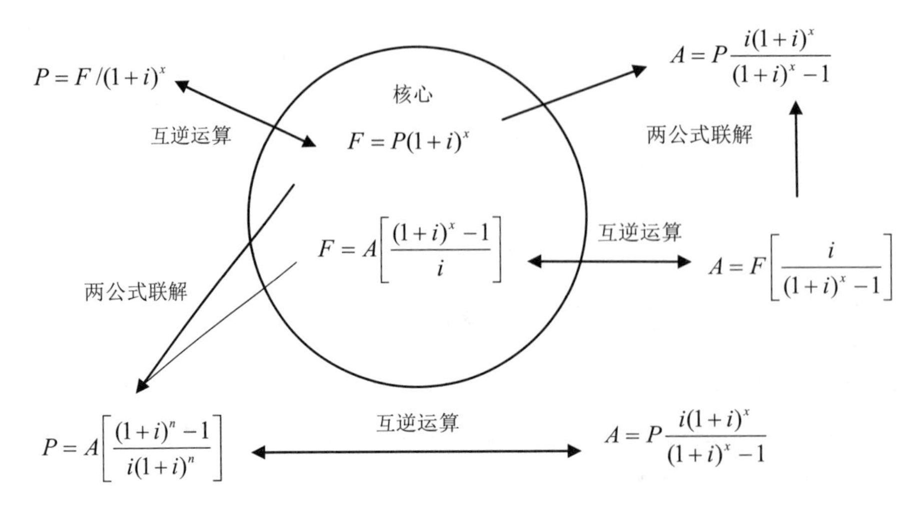

图 2-3　资金等值计算公式的相互关系

【例 2-12】 年利率为 10%，每季度计息一次，连续 3 年年末等额支付 1 000 元，试求年实际利率和与其等值的现值。

【解】

(1) 年实际利率为：

$$i=\left(1+\frac{r}{m}\right)^m-1=\left(1+\frac{10\%}{4}\right)^4-1=10.38\%$$

(2) 与其等值的现值(方法一)为：

$$P=A\left[\frac{(1+i)^n-1}{i(1+i)^n}\right]=A(P/A,i,n)$$
$$=1\,000\times(P/A,10.38\%,3)$$
$$=2\,470(元)$$

(3) 与其等值的现值(方法二)。解题思路：取任意一年分析，求当年年末支付 1 000 元，在每一计息期所对应的年金值。

半年利率为 10%÷4=2.5%，因此，年金 A=1 000×(A/F,2.5%,4)=240.85(元)，其他年份也是如此。因此该问题就变为在每个计息期末支付 240.85 元时，与其等值的现值是多少。所以可按下式求解，与其等值的现值为：

$$P=A\left[\frac{(1+i)^n}{i(1+i)^n}\right]=A(P/A,i,n)$$
$$=240.85\times(P/A,2.5\%,12)$$
$$=2\,470(元)$$

【例 2-13】 某投资者 5 年前以 200 万元买入一房产，在过去的 5 年内每年获得年净现金收益 20 万元，现在该房产能以 350 万元出售，其现金流量图如图 2-4 所示。若投资者要求的年收益为 20%，此项投资是否合算？(假设该投资者过去 5 年的年净现金收益率等于自有资金的机会成本。)

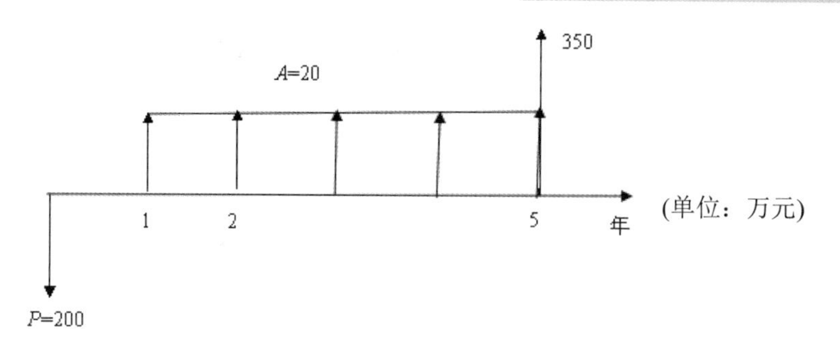

图 2-4　现金流量图

【解】 (1) 方法一。设实际投资收益率为 $i_{实}$，由于现在该房产只能以 350 万元出售，所以实际投资收益为：

$200(1+i_{实})^5 = 350$

解得 $i_{实}$ =11.8%，显然小于 20%，因此此项投资不合算。

(2) 方法二。将 5 年的收益折算成现值，则

P=20(P/A,20%,5)+350(P/F,20%,5)=163.66 (万元)

由上可知，在期望投资收益率为 20%时，5 年前只需要投资 163.66 万元，而实际投资是 200 万元，因此此项投资不合算。

【例 2-14】 某企业拟购买一台设备，价格为 500 万元，有两种付款方式：

(1) 一次性付款，优惠 12%；

(2) 分期付款，则不享受优惠，首次付 40%，第一年年末付 30%，第 2 年年末付 20%，第 3 年年末付 10%。

假设企业购买设备用的是自有资金，年利率为 10%，那么应选择哪种方式付款？

【解】 因两方案购买同一台设备，设备年操作费相同，购置费用不同，故仅考虑购置费用的现值即可。

(1) 一次性付款，实际支付现值为：

500×88%=440(万元)

(2) 分期付款，实际支付现值为：

200+150(P/F,10%,1)+100(P/F,10%,2)+50(P/F,10%,3)=456.57(万元)

故应选择一次性付款。

【例 2-15】 设有一机械设备，在试用期 5 年内，其维修费在第 1、2、3、4、5 年年末的金额分别为 500、600、700、800 和 900 元。若年利率以 10%计，试计算费用的终值。

【解】 (1) 画现金流量图，如图 2-5 所示。

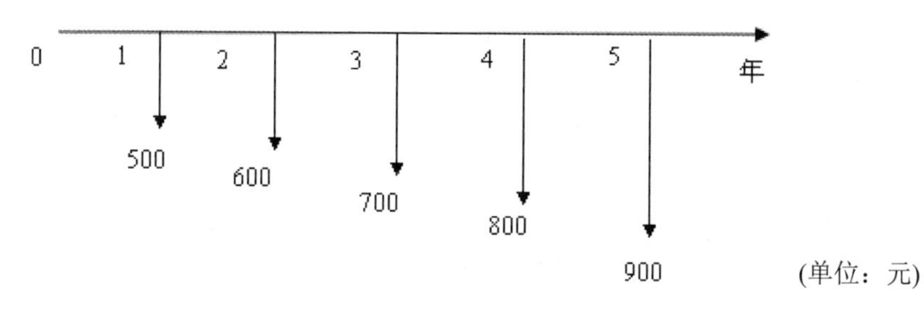

图 2-5　现金流量图

(2) 把现金流量分成两部分：一是年金为 500 元的现金流量系列；二是每年等额增加 100 元的现金流量系列，因此有：

$$F = 500 \times (F / A, 10\%, 5) + \frac{G}{i}\left[\frac{(1+i)^n - 1}{i} - n\right]$$

$$= 500 \times 6.1051 + 100 \times G(F / G, i, n)$$

$$= 3\,052.55 + 100 \times 11.051$$

$$= 4\,157.65(元)$$

思考与练习

一、单项选择题

1. “利滚利，利生利”描述的是以下哪种计息方式？(　　)

A. 单利　　B. 名义利率　　C. 复利　　D. 实际利率

2. 将未来时点上的资金折现到现在时点的资金的价值称为(　　)。

A. 折现值　　B. 现值　　C. 终值　　D. 未来值

3. 在资金等值计算的基本公式中，等额支付序列投资回收复利系数的表示符号为(　　)。

A. $(A/P,i,n)$　　B. $(A/F,i,n)$　　C. $(P/A,i,n)$　　D. $(F/A,i,n)$

4. 关于对资金等值计算的描述，下列表达正确的是(　　)。

A. P 一定，n 相同，i 越高，F 越大　　B. P 一定，i 相同，n 越长，F 越小

C. F 一定，n 相同，i 越高，P 越大　　D. F 一定，i 相同，n 越长，P 越大

5. 某项目建设期为两年，第一年贷款 200 万元，第二年贷款 300 万元，贷款年利率为 10%，每年计息一次，建设期结束一次还本付息，则建设期贷款利息为(　　)元。

A. 30 万　　B. 45 万　　C. 55 万　　D. 50 万

二、简答题

1. 什么是资金的时间价值？影响资金时间价值的因素有哪些？
2. 利息的计算方法有哪两种？
3. 什么是名义利率？什么是实际利率？
4. 如何正确绘制现金流量图？

三、计算题

1. 某人在第一年年初存入 20 000 元，第三年年初存入 10 000 元，存款年利率为 5%，复利计息，第五年年末一次性取出，问共可取出多少钱。

2. 某人从第一年年末开始，每年存款 8 000 元，共存五年，利率为 6%，问第五年年末共可取出多少钱。取出的这笔钱相当于第一年年初多少钱？

3. 某人准备在三年后用 200 000 元购买一辆轿车，若从现在起每年年末存入银行等额的钱，存期三年，利率为 5%，这笔等额的钱是多少？如果是在第一年年初一次性存入一笔钱用于三年后买车，应存多少？

4. 某公司投资 2 000 000 元，投资收益率为 8%，每年等额收回本息，共 6 年全部收回，问每年收回多少钱。

5. 某人欲从今年起，希望每年年末得到 5 000 元，共 20 年。若银行利率为 7%，问今年初应一次性存入多少钱。

6. 若年利率为 12%，半年计息，每年年末存入 100 元，5 年后可获本利和多少？

7. 若年利率为 8%，按月计息，现在存入 500 元，10 年后可获本利和多少？

8. 某企业采用每月月末支付 500 元的分期付款方式购买一台价值为 8 000 元的设备，共分 24 个月付完，则名义利率是多少？

9. 有一支付序列，第 4 年年末需支付 800 元，以后 10 年每年年末支付 200 元。设年利率为 10%，试画出此支付序列的现金流量图，并计算基期的现值与第 15 年年末的终值。

模块 3　建设项目的资金筹措

<table>
<tr><td colspan="2">学习目标</td><td>(1)掌握资金筹措的概念。
(2)理解项目资本金筹措与负债筹资的方式。
(3)掌握项目融资的概念，了解项目融资的方式。
(4)能进行资金成本计算和分析，并能合理地选择项目资金结构。</td></tr>
<tr><td rowspan="2">重点和难点</td><td>重点</td><td>(1)资金筹措的概念。
(2)项目资本金的筹措方式。
(3)项目债务资金的筹措方式。</td></tr>
<tr><td>难点</td><td>资金成本的概念及计算。</td></tr>
<tr><td colspan="2">思政目标</td><td>(1)牢固树立资金成本观念，为将来的投资决策打下坚实的基础。
(2)树立风险意识，增强社会适应能力和竞争能力。</td></tr>
</table>

3.1　建设项目资金筹措概述

3.1.1　建设项目资金筹措的概念与分类

建设项目资金筹措是指建设项目的主体根据其建设活动和资金结构的需要，通过一定的筹资渠道，采取适当的方式获取所需资金的各种活动的总称。这里建设项目的主体包括政府部门、企事业单位以及个人。

建设项目资金筹措可以按照所筹资金性质、资金使用期限的长短、是否通过金融代理机构以及出资者对资金的追索性质等角度作不同的划分，如图 3-1 所示。

1. 权益资金筹措和债务资金筹措

按照所筹措资金的性质，建设项目资金筹措可分为权益资金筹措和债务资金筹措。

权益资金筹措是指资金占有者以所有者身份投入到建设项目中的方式进行筹资。权益资金一般不用还本，又称为自有资金。权益资金形成企业的“所有者权益”和项目的“资本金”。相对于负债资金而言，权益资金的财务风险小，但是付出的资金成本较高。权益资金可以通过吸收股东直接投资、发行股票等方式筹措。

建设项目资金筹措
- 按所筹资金性质
  - 权益资金筹措
  - 债务资金筹措
- 按资金使用期限
  - 长期资金筹措
  - 短期资金筹措
- 按是否通过金融机构
  - 直接筹措
  - 间接筹措
- 按资金的追索性
  - 企业融资
  - 项目融资

图 3-1 建设项目资金筹措的分类

债务资金筹措是指项目投资中以负债方式从金融机构、证券市场等资本市场取得资金的方式。债务资金到期要还本付息，因此被称为借入资金。一般来说，债务资金的财务风险高于权益资金，但付出的资金成本较低。债务资金可以通过银行借款、发行债券、商业信用和融资租赁等方式筹措。

2. 长期资金筹措和短期资金筹措

按照所筹措资金的使用年限，可以分为长期资金筹措和短期资金筹措。

长期资金是指建设项目的主体购置或者建设固定资产、无形资产或者进行长期投资而筹集的并且使用期限在一年以上的资金。长期资金可以通过吸收直接投资、发行股票、发行长期债券、长期借款、融资租赁等方式筹措。

短期资金是指建设项目主体因季节性或临时性资金需求而筹集并且使用期限在一年以内的资金。短期资金可以通过短期借款、商业信用、商业票据等方式筹得。

商业信用是指在商品交易中由于延期付款或预收货款所形成的企业间的借款关系。

3. 直接筹资和间接筹资

按是否通过金融机构进行融资，项目资金筹措可以分为直接筹资和间接筹资。

直接筹资是指不经过银行等金融机构，直接从资金占有者手中筹集资金。发行股票、债券、票据等都属于直接融资方式。

间接筹资是指借助于银行等金融机构进行的融资，如银行借款、融资租赁、保险、信托等融资方式。

4. 企业融资和项目融资

按照资金所有者对资金的追索权的不同，可以分为企业融资和项目融资。

企业融资也叫公司融资，指依赖于一家现有企业的资产负债表及总体信用状况(通常企业涉及多种业务及资产)为企业(包括项目)筹集资金。以企业融资方式为项目筹措资金属于追索权融资，即当该项目的净运营收益不能满足合同规定的报偿或偿还贷款资金时，可通过追索企业其他项目、业务收益及资产来偿还。

项目融资是通过某一项目的期望收益或者现金流量、资产和合同权益而进行的融资，债权人的追索权仅限于该项目本身，而不能追索债务人其他项目的资产及业务收益，属于无追索权或有限追索权融资。为一个项目单独成立的项目公司，通常采用项目融资的方式筹资。

3.1.2　项目资本金的筹措

项目资本金是指由项目权益投资人以获得项目财产权和控制权的方式投入的资金。资本金的筹措方式一般包括股东直接投资、发行股票、政府投资等。

1. 股东直接投资

股东直接投资包括政府授权投资机构入股资金、国内外企业入股资金、社会团体和个人入股的资金以及基金投资公司入股的资金，分别构成国家资本金、法人资本金、个人资本金和外商资本金。

对于既有法人筹资项目，股东直接投资表现为扩充既有企业的资本金，包括原有股东增资扩股和吸收新股东投资。对于新设法人筹资项目，股东直接投资表现为投资者为项目提供资本金。合资经营公司的资本金由企业股东按股权比例认缴，合作经营公司的资本金由合作投资方按预先约定的金额投入。

2. 发行股票

股票是股份公司发给股东作为已投资入股的证书和索取股息的凭证，是可作为买卖对象或抵押品的有价证券。

1) 股票的特征

股票具有以下基本特征。

(1) 不可偿还性。股票是一种无偿还期限的有价证券，投资者认购了股票后，就不能再要求退股，只能到二级市场卖给第三者。股票的转让只意味着公司股东的改变，并不减少公司资本。从期限上看，只要公司存在，它所发行的股票就存在，股票的期限等于公司存续的期限。

(2) 参与性。股东有权出席股东大会，选举公司董事会，参与公司重大决策。股票持有者的投资意志和享有的经济利益，通常是通过行使股东参与权来实现的。股东参与公司决策的权利大小，取决于其所持有的股份的多少。从实践中看，只要股东持有的股票数量达到左右决策结果所需的实际多数时，就能掌握公司的决策控制权。

(3) 收益性。股东凭其持有的股票，有权从公司领取股息或红利，获取投资的收益。股息或红利的大小，主要取决于公司的盈利水平和公司的盈利分配政策。

股票的收益性，还表现在股票投资者可以获得价差收入或实现资产保值增值。通过低价买入和高价卖出股票，投资者可以赚取价差利润。

(4) 流通性。股票的流通性是指股票在不同投资者之间的可交易性。流通性通常以可流通的股票数量、股票成交量以及股价对交易量的敏感程度来衡量。可流通股数越多，成交量越大，价格对成交量越不敏感(价格不会随着成交量一同变化)，股票的流通性就越好；反之就越差。股票的流通，使投资者可以在市场上卖出所持有的股票，取得现金。通过股票的流通和股价的变动，可以看出人们对于相关行业和上市公司的发展前景和盈利潜力的判断。

(5) 价格波动性和风险性。股票在交易市场上作为交易对象，同商品一样，有自己的市场行情和市场价格。由于股票价格要受到诸如公司经营状况、供求关系、银行利率、大众

心理等多种因素的影响，其波动有很大的不确定性。正是这种不确定性，有可能使股票投资者遭受损失。价格波动的不确定性越大，投资风险也越大。因此，股票是一种高风险的金融产品。

2) 股票的种类

按股东承担风险和享有权益的大小，股票可分为优先股和普通股两大类。

(1) 优先股：是指在公司利润分配方面较普通股有优先权的股份。优先股的股东按一定的比例取得固定股息，企业倒闭时，能优先得到剩下的可分配给股东的部分财产。

(2) 普通股：是指在公司利润分配方面享有普通权利的股份。普通股股东除能分得股息外，还可在公司盈利较多时再分享红利。所以普通股获利水平与公司盈亏息息相关。股票持有人不仅可以据此分摊股息和获得股票涨价时的利益，且有选举该公司董事、监事的机会，有参与公司管理的权利，股东大会的选举权根据普通股持有额计票。

3) 发行股票筹资的优点

(1) 以股票筹资是一种有弹性的融资方式。由于股息或红利不像利息那样必须到期支付，当公司经营不佳或现金短缺时，董事会有权决定不发股息或红利，因而公司融资风险低。

(2) 股票无到期日。股票投资属永久性投资，公司不需要为偿还资金而担心。

(3) 发行股票筹集资金可降低公司负债比率，提高公司财务信用，增加公司今后的融资能力。

4) 发行股票筹资的缺点

(1) 资金成本高。购买股票承担的风险比购买债券高，投资者只有在股票的投资报酬高于债券的利息收入时，才愿意投资于股票。另外，债券利息可在税前扣除，而股息和红利须在税后利润中支付，这样就使股票筹资的资金成本大大高于债券筹资的资金成本。

(2) 增发普通股须给新股东投票权和控制权，降低原有股东的控制权。

3. 政府投资

政府投资包括加强公益性和公共基础设施建设、保护和改善生态环境、促进欠发达地区的经济和社会发展、推进科技进步和高新技术产业等。投资方式包括采取直接投资、资本金注入、投资补助、转贷和贷款贴息等。政府投资在项目评价中应根据自己投入的不同情况进行不同的处理。

(1) 全部使用政府直接投资的项目，一般为非经营性项目，无须进行筹资方案分析。

(2) 以资本金注入方式投入的政府投资资金，在项目经济评价中被视为权益资金。

(3) 以投资补贴、贷款贴息等方式投入的政府投资资金，在项目经济评价中被视为现金流入，应根据具体情况分别处理。

(4) 以转贷方式投入的政府投资资金(统称国外贷款)，在项目经济评价中被视为债务资金。

3.1.3 项目债务资金的筹措

债务资金是项目投资中以负债方式从金融机构、证券市场等资本市场取得的资金。它是项目筹资的重要方式，一般包括信贷、发行债券、融资租赁等。

1. 信贷方式筹资

1) 商业银行贷款

商业银行贷款按照贷款期限可分为短期贷款、中期贷款和长期贷款。贷款年限在 1 年以内为短期贷款，超过 1 年至 3 年的为中期贷款，3 年以上的为长期贷款。商业银行贷款通常不超过 10 年，超过 10 年期限，商业银行需要特别报经人民银行备案。

按资金用途，商业银行贷款在银行内部管理中分为固定资产贷款、流动资金贷款、房地产开发贷款等。

商业银行贷款具有以下特点。

(1) 筹资手续简单，速度较快。贷款的主要条款只需取得银行的同意，不必经过诸如国家金融管理机关、证券管理机构等部门的批准。

(2) 筹资成本较低。借款人与银行可直接商定信贷条件，无须大量的文件制作，而且在经济发生变化的情况下，如需变更贷款协议的有关条款，借贷双方可采取灵活的方式进行协商处理。

2) 政策性银行贷款

政策性银行是指由政府创立、参股或者保证的，不以营利为目的，专门为贯彻、配合政府社会经济政策或意图，在特定的业务领域内，直接或间接从事政策性融资活动，充当政府发展经济、促进社会进步、进行宏观经济管理工具的金融机构。政策性银行贷款利率通常比商业银行低。在我国政策性银行曾有国家开发银行、中国进出口银行、中国农业发展银行。

国家开发银行重点向国家基础设施、基础产业和支柱产业投资项目以及重大技术改造和高新技术产业化项目发放贷款。

中国进出口银行的主要任务是执行国家产业政策和外贸政策，为扩大我国机电产品和成套设备等资本性货物出口提供政策性金融支持，主要为出口提供卖方信贷和买方信贷支持。该行还办理中国政府的援外贷款及外国政府贷款的转贷业务。

中国农业发展银行的主要任务是按照国家有关法律、法规和方针、政策，以国家信用为基础，筹集农业政策性信贷资金，承担国家规定的农业政策性金融业务，代理政策性支农资金的拨付。

3) 外国政府贷款

外国政府贷款是指一国政府利用财政资金向另一国政府提供援助性贷款。项目使用外国政府贷款需要得到我国政府的安排和支持。外国政府贷款经常与出口信贷混合使用，有时还伴有一部分赠款。

外国政府的贷款利率通常很低，一般是 2%～4%，甚至无息；期限较长，还款平均期限为 20～30 年，有的甚至达 50 年；限制用途，如贷款必须用于采购贷款国的设备；数量也有限。

2. 企业债券方式筹资

企业债券是企业为取得资金而发行的借款凭证，是企业承诺在规定的日期按规定的利率支付债券利息，并按特定日期偿还本金的一种债权、债务证书。债权人无权参与公司管理，但优先股东分红而取得利息，可在企业破产时优先收回本金。

1) 企业债券筹资的优点

(1) 支出固定。不论企业将来盈利如何，它只需付给持券人固定的债券利息。

(2) 企业控制权不变。债券持有者无权参与企业管理。因此，公司原有投资者控制权不因发行债券而受到影响。

(3) 少纳所得税。合理的债券利息可计入成本，实际上相当于政府为企业负担了部分债券利息。

(4) 提高自有资金利润率。如果企业投资报酬率大于利息率，由于财务杠杆的作用，发行债券可提高股东投资报酬率。

2) 企业债券筹资的缺点

(1) 企业承受一定的风险。由于企业按固定利息支出，特别是在企业盈利波动较大时，按期偿还本息较为困难，使企业承受一定的风险。

(2) 降低企业的财务信誉。发行债券会提高企业负债比率，增加企业风险，降低企业的财务信誉。

(3) 企业从外部筹资的扩展能力受到一定约束。

债券合约的条款，常常对企业的经营管理有较多的限制，如限制企业在偿还期内再向别人借款、未按时支付到期债券利息不得发行新债券、限制分发股息等，所以企业发行债券在一定程度上约束了企业从外部筹资的扩展能力。

3. 租赁方式筹资

租赁，是出租人和承租人之间订立契约，由出租人应承租人的要求，购买其所需的设备，在一定时期内供其使用，并按期收取租金。租赁期间设备的产权属出租人，用户只有使用权，且不得中途解约。期满后，承租人可以从以下的处理方法中选择：①将所租设备退还出租人；②延长租期；③作价购进所租设备；④要求出租人更新设备，另订租约。

采用租赁的方式，虽然比直接购买设备的费用要高，但它却具有用户不必在设备上一次投入大笔资金、可及时利用先进设备、加速企业技术进步等优点，是企业最常用的一种灵活的筹资方式。

租赁的方式可分为：①融资租赁，即首先由租赁公司融资，把设备买进，然后租给企业使用，企业按规定交付租金；②经营租赁，即出租人将自己经营的出租设备进行反复出租，直至设备报废或淘汰为止的租赁业务；③服务出租，主要用于车辆的租赁，即租赁公司向用户出租车辆时，还提供保养、维修、检车、事故处理等业务。

融资租赁筹资具有以下优点。

(1) 能迅速获得所需资产。融资租赁集“融资”与“融物”于一身，一般要比先筹现金再购置设备来得更快，可使企业快速形成生产经营能力。

(2) 限制条件相对较少。租赁筹资限制较少，企业运用股票、债券、长期借款等筹资方式，都会受到相当多的资格条件限制，相比之下，租赁筹资的限制条件很少。

(3) 免遭设备陈旧过时的风险。随着科学技术的不断进步，设备陈旧过时的风险很高，而多数租赁协议规定由出租人承担，承租企业可免遭这种风险。

(4) 还本负担轻。由于融资租赁全部租金在整个租期内分期支付，因此可降低不能偿付的风险。

(5) 税收负担轻。由于租金在所得税前扣除，因此具有抵免所得税的效用。

(6) 租赁可提供一种新资金来源。在企业负债比例过高、借款信贷额度全部用完、贷款协议限制企业进一步举债的情况下，租赁方式使企业不付出大量资金就能租到所需的设备。

融资租赁筹资的主要缺点是资金成本高。其租金通常比银行借款或发行债券负担的利息要高，而租金总额通常要高于设备价值的 30%；承租企业在财务困难时期，支付固定的租金也将构成一项沉重的负担。另外，采用租赁筹资方式如不能享有设备残值，也将被视为承租企业的一种机会损失。

3.2　资金成本计算

3.2.1　资金成本的概念及其组成

资金成本是市场经济条件下，企业财务管理中的一个重要概念，它是选择资金来源、拟定筹资方案的主要依据，是评价投资项目可行性的主要经济标准，也可作为评价企业财务经营成果的依据。所谓资金成本是指企业在筹集资金时所支付的一定代价。企业可以利用各种方式从多种渠道筹集资金，但不论具体方式如何，企业都要付出一定的代价，花费一定的成本，即付出筹资费和使用费。筹资费是指企业在筹集资金过程中发生的各种费用，如委托金融机构代理发行股票、债券而支付的注册费和代理费等，向银行借款而支付的手续费等。使用费是指企业因使用资金而向资金提供者支付的报酬，如使用发行股票筹集的资金要向股东们支付利息、红利；使用发行债券和银行贷款借入的资金，要向债权人支付利息；使用租入的资产，要向出租人支付租金等。由于在不同情况下筹集资金的总额不同，为了便于比较，资金成本通常以相对数来表示，即用资金成本率来表示。

资金成本率一般用下式计算：

$$K=\frac{D}{P-F}=\frac{D}{P(1-f)} \tag{3-1}$$

式中：K——资金成本率；

D——资金使用费；

P——筹资数额；

F——资金筹集费；

f——资金筹集费率(即筹资费占筹集资金总额的比例)。

3.2.2　资金成本的性质及意义

1. 资金成本的性质

资金成本具有以下几个性质。

(1) 资金成本是商品经济条件下资金所有权和资金使用权分离的产物。

(2) 资金成本具有一般产品成本的基本属性(即同为资金耗费)，但又不同于账面成本，而属于预测成本，其一部分计入成本费用，相当一部分则作为利润分配处理。资金成本是企业的耗费，企业要为占用资金而付出代价，支付费用，而且这些代价或费用最终也要作

为收益的扣除额来得到补偿。但是资金成本只有一部分具有产品成本的性质。

(3) 资金成本的基础是资金时间价值，但通常还包括投资风险价值和物价变动因素。

2. 资金成本的意义

资金成本具有以下几个重要意义。

(1) 资本成本是企业筹资决策的重要依据。企业的资本可以从各种渠道取得，如从银行信贷资金、民间资金、企业资金等来源取得，其筹资的方式也多种多样，如吸收直接投资、发行股票、银行借款等。但不管选择何种渠道，采用哪种方式，主要考虑的因素还是资本成本。通过不同渠道和方式所筹措的资本，将会形成不同的资本结构，由此产生不同的财务风险和资本成本。所以，资本成本也就成了确定最佳资本结构的主要因素之一。随着筹资数量的增加，资本成本也将随之变化。当筹资数量增加到增资的成本大于增资的收入时，企业便不能再追加资本。因此，资本成本是限制企业筹资数额的一个重要因素。

(2) 资本成本是评价和选择投资项目的重要标准。资本成本实际上是投资者应当取得的最低报酬水平。只有当投资项目的收益高于资本成本的情况下，才值得为之筹措资本；反之，就应该放弃该投资项目。

(3) 资本成本是衡量企业资金效益的临界基准。如果一定时期的综合资本成本率高于总资产报酬率，就说明企业资本的运用效益差，经营业绩不佳；反之，则说明企业资本的运用效益良好。

3.2.3 影响资金成本的因素

在市场经济环境中，多方面因素的综合作用决定着企业资本成本的高低，主要包括内部因素和外部因素，其中内部因素包括资本结构、股利政策、投资政策；外部因素包括利率、市场风险溢价、税率。

1. 内部因素

(1) 资本结构。

增加债务比重，会使平均资本成本趋于降低，同时会加大公司财务风险，财务风险提高，又会引起债务成本和权益成本提高。

(2) 股利政策。

股利政策是决定权益资本成本的因素之一，因此公司一旦改变股利政策，就会影响权益成本的变化。

(3) 投资政策。

公司的资本成本反映现有资产的平均风险，如果公司向高于现有资产风险的项目投资，公司资产的平均风险就会提高，并使得资本成本上升，因此，公司投资政策变化，资本成本就会发生变化。

2. 外部因素

(1) 利率。

市场利率上升，资本成本上升，投资的价值会降低，抑制公司的投资；相反，则会刺激公司的投资。

(2) 市场风险溢价。

根据资本资产定价模型可以看出，市场风险溢价会影响股权成本，股权成本上升时，各公司会推动债务融资，进而推动债务成本上升。

(3) 税率。

税率变化能影响税后债务成本以及公司加权平均资本成本。

3.2.4　资金成本的计算

1) 优先股成本

优先股成本率可按下式计算：

$$K_p = \frac{D_P}{P_0(1-f)} = \frac{i}{1-f} \tag{3-2}$$

式中：K_p——优先股成本率；

D_p——优先股每年的股息；

P_0——优先股票面值；

i——股息率。

其他符号意义同前。

【例 3-1】 某公司发行优先股股票，票面额按正常市价计算为 200 万元，筹资费率为 4%，股息年利率为 14%，试求优先股成本率。

【解】

$$K_p = \frac{200\times14\%}{200\times(1-4\%)} = \frac{14\%}{1-4\%} = 14.58\%$$

由于优先股票持有人的投资风险大于债券持有人的投资风险，这就使优先股股息率高于债券的利息，而股息还是以所得税后的净利支付，不减少公司的应缴所得税，因而优先股成本率一般明显高于债券成本率。

2) 普通股成本

如果普通股各年的股利固定不变，则其成本率可按下式计算：

$$K_0 = \frac{D}{P_0(1-f)} = \frac{P_0 i}{P_0(1-f)} = \frac{i}{1-f} \tag{3-3}$$

式中：K_0——普通股成本率；

D——每年固定的股利总额；

P_0——普通股票面值或市场总额；

i——股息率。

其他符号意义同前。

普通股的股利往往不是固定的，通常有逐年上升的趋势。如果假定每年股利平均增长为 g，每一年的股利为 D_1，则第二年为 $D_1(1+g)$，第三年为 $D_1(1+g)^2$，……，第 n 年为 $D_1(1+g)^{n-1}$，因此，计算普通股成本率的公式为：

$$K_0 = \frac{D_1}{P_0(1-f)} + g = \frac{P_0 i}{P_0(1-f)} + g = \frac{i}{1-f} + g \tag{3-4}$$

【例 3-2】 某公司发行普通股正常市价为 300 万元，筹资费率为 4%。第一年的股利率为 10%，以后每年增长 5%，试计算普通股资金成本率。

【解】

$$K_0 = \frac{300 \times 10\%}{300 \times (1-4\%)} + 5\% = 15.4\%$$

3) 债券成本

企业发行债券后，所支付的债券利息是列入企业的费用开支的，因而使企业少缴一部分所得税，两者相抵后，实际上企业支付的债券利息仅为：债券利息×(1−所得税税率)。因此，债券成本率可以按下式计算：

$$K_B = \frac{I(1-T)}{B_0(1-f)} = \frac{B_0 \cdot i(1-T)}{B_0(1-f)} = \frac{i(1-T)}{1-f} \tag{3-5}$$

式中：K_B ——债券成本率；

I ——债券年利息总额；

T ——所得税税率；

B_0 ——债券发行总额；

i ——债券年利息率。

其他符号意义同前。

【例 3-3】 某企业为筹建一个基础项目，发行长期债券 10 000 万元，筹资费率为 3%，债券年利息率为 7%，所得税税率取 25%，试计算其债券成本率。

【解】

$$K_B = \frac{i(1-T)}{1-f} = \frac{7\% \times (1-25\%)}{1-3\%} = 5.41\%$$

4) 借款成本

向银行借款，企业所支付的利息和费用一般可作为企业的费用开支，因此企业会减少一部分利润，少缴一部分所得税，因而使企业的实际支出相应减少。对每年年末支付利息、贷款期末一次全部还本的借款，其借款成本率的计算与债券成本率的计算相同，即为：

$$K_g = \frac{i(1-T)}{1-f} \tag{3-6}$$

式中各项符号意义同前。

5) 租赁成本

企业租入某项资产，获得其使用权，要定期支付租金，并将租金列入企业成本，可以减少应付所得税。因此，其租金成本率为：

$$K_L = \frac{E}{P} \times (1-T) \tag{3-7}$$

式中：K_L ——租赁成本率；

E ——年租金额；

P ——租赁资产价值。

其他符号意义同前。

【例 3-4】 某工程租入运输车辆 2 台，价值为 25 万元，年付租金 5 000 元，所得税税率为 25%，试计算其资金成本率。

【解】

$$K_L = \frac{E}{P}\times(1-T) = \frac{5\ 000}{250\ 000}\times(1-25\%) = 1.5\%$$

6) 留用利润的成本

企业在利润分配中经常要将一部分净利润留存企业中，以满足企业扩大再生产的需要。显然，企业留用一部分利润，等于普通股股东对企业进行了追加投资，使普通股的资金增加。 股东对这一部分追加投资同以前缴给企业的股本一样，也要求给予相应比率的报酬。因此，企业对这部分资金并不能无偿使用，也应计算其资金成本。由于留用利润不需要支付筹资费，因此其计算公式如下：

$$K_n = \frac{D_1}{P_0} + g \tag{3-8}$$

式中：K_n——留用利润的成本率；

D_1——为第 1 年的股利；

P_0——留用的利润总额；

g——股利年平均增长率。

3.3　项目融资模式

3.3.1　项目融资的定义

项目融资可以从广义和狭义上来理解。从广义理解，项目融资是为特定项目进行的建设、收购以及债务重组所进行的一切融资活动，债权人对债务人(如项目公司)抵押资产以外的资产有全部追索的权利。从狭义上理解，项目融资就是根据项目建成后的期望收益或现金流量、资产和合同权益来融资的活动，这里债权人对借款人抵押资产以外的资产没有追索权或仅有有限追索权。本书讨论的建设工程项目融资是狭义的项目融资。

项目融资是一种无追索权或有限追索权的融资。按照中国银保监会发布的《项目融资业务指引》，项目融资是符合以下特征的贷款。

(1) 贷款用途通常是用于建造一个或一组大型生产装置、基础设施、房地产项目或其他项目，包括对在建或已建项目的再融资。

(2) 借款人通常是为建设、经营该项目或为该项目融资而专门组建的企事业法人，包括主要从事该项目建设、经营或融资的既有企事业法人。

(3) 还款资金来源主要依赖该项目产生的销售收入、补贴收入或其他收入，一般不具备其他还款来源。

项目融资与企业融资(传统融资)存在显著不同，如图 3-2 所示。

假设某公司拥有工厂 A，现因业务扩大，需要新建一个工厂 B。如图 3-2(a)所示，公司向银行贷款新建工厂 B，贷款者(银行)拥有对借款者(公司)的完全追索权，即以整个公司(所有工厂，包括 A)的现金流和资产来偿还 B 工厂的贷款的权利。对公司来说这种融资模式的优点是融资过程简单，拥有对工厂 B 的全部控制权，一旦项目运行成功，总公司将获得项目的全部收益；缺点是一旦B工厂运营失败，总公司的A工厂将受到牵连甚至倒闭。

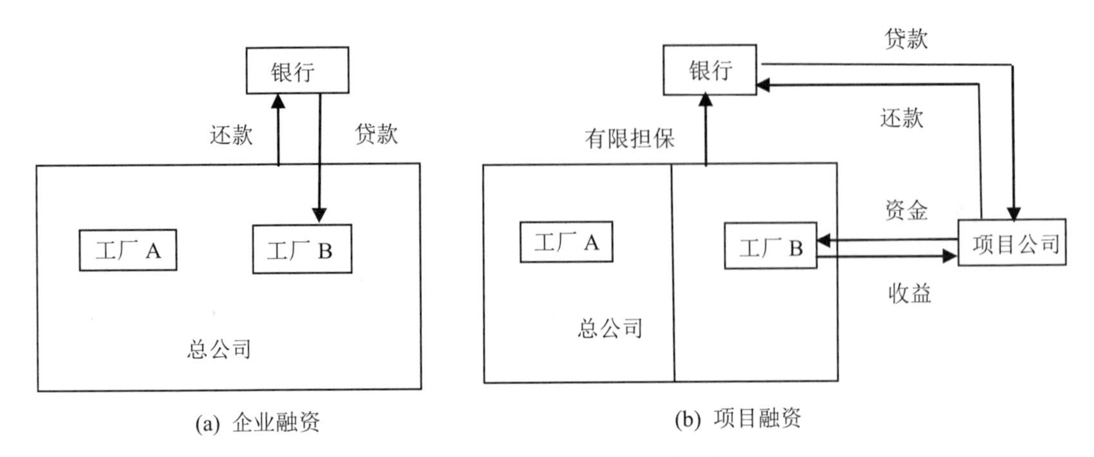

(a) 企业融资　　(b) 项目融资

图3-2　企业融资与项目融资比较图

项目融资如图3-2(b)所示，总公司出一定的资金，注册成立一个专门运作B工厂的项目公司，并且找几个对B工厂运作有帮助的股东，如设备、材料供应商，销售商等，以项目公司的名义，通过B工厂的资产和期望收益寻求银行贷款。银行可能要求总公司和其他股东的母公司为项目提供有限的担保(不是全额担保)来减少投资风险。因为贷款责任是由项目公司担负的，银行没有权利对整个总公司或它拥有的其他工厂要求赔偿，而只拥有对B工厂和合同约定的项目公司之外的担保范围内的资产的追索权，即为有限追索。这种融资模式的优点是，当项目运行失败时，总公司(包括工厂A)的损失是已投入工厂B的有限资产和有限担保，可避免受到太大的牵连；缺点是融资过程复杂，总公司对项目公司控制权减少，总公司不能获得B公司的全部利润，其利润将在项目公司股东间分配，另外，由于银行承担较大风险，银行对项目公司的贷款和收入监管较严。

3.3.2　公共项目融资的常见模式

项目融资通常采用的融资方式包括BOT、产品支付、远期购买等几种，下面分别作简要介绍。

1. BOT项目融资方式

BOT是英文Build Operate Transfer的缩写，中文直译为“建设—经营—转让”。这种项目融资模式的基本思路是：由项目东道国政府或其所属机构将基础设施项目建设及经营的特许权授予项目公司，然后由项目公司负责项目融资、设计、建造和营运，项目公司在项目经营特许期内，利用项目收益偿还投资及营运支出，并获得利润。特许期满后，项目交给东道国政府或其下属机构。

BOT项目融资方式的优势主要有以下几个。

(1) 投资者多以竞标的方式获得BOT项目，程序复杂，但透明度高，体现了公平、公正、公开的原则，可以有效地防止“豆腐渣”工程，提高基础设施质量。

(2) BOT项目风险由项目公司大部分或全部承担，然后再由项目公司通过一系列的契约安排将风险转嫁出去。

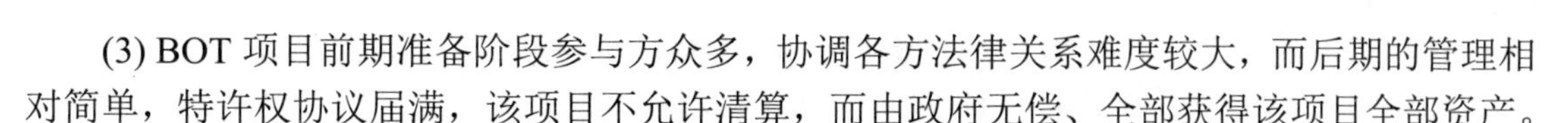

(3) BOT 项目前期准备阶段参与方众多，协调各方法律关系难度较大，而后期的管理相对简单，特许权协议届满，该项目不允许清算，而由政府无偿、全部获得该项目全部资产。

(4) 项目有限追索。贷款的偿还以项目自身的经济收入为基础，即以项目公司的未来资产和收益作为偿还的保证，不需要政府和境内机构提供任何形式的融资担保。

2. 产品支付项目融资方式

产品支付项目融资方式是针对项目贷款的还贷方式而言的，借款人在项目投产后不用项目产品的销售收入偿还债务，而是直接用项目产品计价来还本付息。在贷款得到清偿前，贷款方拥有项目部分或全部产品的所有权。产品支付只是产权的转移，而不是产品本身的转移。

产品支付项目融资方式的优势主要有以下几个。

(1) 产品支付项目融资方式是以产品的销售收入的所有权作为担保品融资，而不是用担保和抵押方式进行融资。

(2) 项目产品是用于支付各种经营成本和债务还本付息的唯一来源，因此，比较容易将融资安排成有限追索或无追索的形式。

(3) 还贷期限一般短于项目的实际经济寿命周期。在偿清项目贷款之后，项目实施方可获得继续经营的资产。

3. 远期购买项目融资方式

远期购买项目融资方式是在产品支付项目融资方式基础上发展起来的一种更灵活的项目融资方式，其灵活性表现在贷款方可以成立一个专设公司，这个公司不仅可以购买事先商定好的一定数量的远期产品，而且还可以直接购买这些产品未来的销售收入。项目公司将来支付专设公司的产品获得的收入正好可以用来偿还银行贷款。远期购买项目融资方式的结构类似于产品支付项目融资方式，也需要有担保信托方对产品的销售和产品所有权的购买进行担保。

3.4　筹 资 决 策

3.4.1　筹资结构、效益和风险

1. 筹资结构

筹资结构是指采用各种筹资方式筹集资金之间的关系。

2. 筹资效益和风险

筹资效益与风险是联系在一起的，风险是客观存在的，企业筹资效益的评价离不开对筹资风险问题的考虑。首先，企业筹资活动必须以较小的筹资成本获得较多的资金，因而企业必须有效地降低筹资中的各种费用，尽可能使利息、股利(或利润)等的付出降低，从而增加企业的总价值。其次，必须以较小的筹资风险获取较多的资金，然而不同筹资方式的风险极不相同，相应取得收益间有一种对称关系，它要求等量筹资风险带来等量的收益。一般来讲，风险系数越大，收益率越高；风险系数越小，收益率越低。筹资风险与筹资成

本也是相对应的。若筹资成本较低，筹资风险相对较高；反之，筹资成本相对较高，筹资风险则相对较低。因而企业筹资时必须把效益与风险结合起来考虑。在筹资风险一定的情况下，使筹资成本最低或者使筹资风险最小，这便是合理的筹资管理原则。

另外，增加企业盈利能力是降低企业收支风险的根本办法。因此，只要企业有足够的盈利能力，加强经营管理，提高效益，企业的筹资风险就能降低。

3.4.2 筹资结构分析

企业在投资大型项目时，往往需要多渠道、多形式地筹集吸进资金，为降低投资风险，在此之前企业必须对企业的筹资结构进行分析。筹资结构分析的重点是分析企业自有资金与贷款构成的比例对企业自有资金收益率和企业风险大小的影响。企业自有资金一般可以发行股票或使用留存收益，而企业贷款则可通过发行债券或向金融机构借款。

假定某项投资在几种不同状况下取得的投资收益率是可测的，各种状态出现的概率也是可知的，那么期望的投资收益率及期限利差如下：

$$a=\sum(b*c) \tag{3-9}$$

$$\sigma^2=\sum(b-a)^2*c \tag{3-10}$$

其中：a 代表期望投资收益率，b 代表投资收益率，c 代表投资收益概率。

一般而言，投资项目风险的大小完全可以由利差来反映，利差越大，风险越大；反之亦然。企业可以根据投资项目预计收益能力、风险大小和企业承担风险的能力，选择合适的筹资战略，进行必要的风险筹资结构组合，以追求较高的投资报酬和较小的企业风险；另外，在筹资手段上，选择股票筹资或是债券、贷款筹资以建立适当的负债比例，同时根据资金市场状况选择适当的筹资企业，以求资金成本最低。

3.4.3 筹资决策的程序要求

1. 筹资结构的综合决策

投资结构具有的盈利能力和风险水平与筹资结构具有的成本水平和风险水平相配合，构成了企业的综合盈利能力和风险水平。由于资产结构和筹资结构均有稳健和激进之分，因此，两两组合便可以得到如下四种策略。

1) 稳健的投资结构与稳健的筹资结构相结合的管理策略

该策略在投资结构上要求充分保持资产的流动性，尽可能减少长期资产的投入。特别稳健者，甚至经营所需的固定资产都采用租赁的方式取得。在流动资产中，则尽可能压缩存货等变现能力差的资产，增加现金或接近于现金类的资产，结果是使资产的盈利能力相应降低。在筹资结构上，首先，要求权益资本占资金来源的比重要够大；其次，在负债中，则要求长期负债占总负债的比重足够大。这样，不仅权益和长期负债可以满足长期资产的需要，而且还可以满足部分流动资产的需要。特别稳健者，甚至全部资产的资金来源都由权益资本提供，且全部资产的流动性极强。这就使得筹资成本上升，盈利能力下降。这种策略的风险虽然低，但相应的盈利能力也极低。

2) 激进的投资结构与稳健的筹资结构相结合的管理策略

该策略在投资结构上要求最大限度地增加资产的盈利能力，不惧风险，其风险主要依靠削减负债，特别是流动负债占总资金来源的比例来控制。在这种策略下，即使投资出现失误，其风险也能得到有效的遏制，因为权益资本可以防止风险的扩大。因此该策略是盈利能力和风险均居中的管理策略。

3) 稳健的投资结构与激进的筹资结构相结合的管理策略

该策略是希望通过稳健的投资结构来控制投资风险，并通过降低资金来源的成本来减少财务成本，增加盈利。保持资产的足够流动性除了可以在一定程度上控制投资风险之外，还可以在很大程度上防止筹资风险的扩大，这就为企业运用一些低资金成本的资金来源提供了保障。但是，筹资成本的节约是有限的，对盈利的贡献一般不如投资盈利能力大，因此该策略的盈利能力要比第二种管理策略低。它一般只适用于投资风险极大、筹资风险极小的情况。

4) 激进的投资结构与激进的筹资结构相结合的管理策略

该策略不但要求投资结构有最强的盈利能力，而且还要求筹资的资金成本最低，更为激进的，甚至相当大部分长期资产的资金来源都靠流动负债来解决。因此该策略承受的风险就极大，一旦环境有变，激进的投资结构不能为企业带来相应的收益，风险就会迅速放大，从而导致企业失败或破产。因此，这种收益高成本低的策略的盈利能力最强，但风险也最大。

2. 筹资决策的程序要求

筹资决策的程序要求，主要有如下几点。

(1) 明确投资需要，制订筹资计划。

(2) 分析寻找筹资渠道，明确可筹资金的来源。

(3) 计算各个筹资渠道的筹资成本费用，即计算筹资费用率——每一万元资金所需筹资成本。银行贷款的筹资成本主要是利息和贷款交易费用；股票筹资主要是股票发行费用；供货商和经销商信贷(供货款占用和预付款占用)主要是谈判费用，这种信贷一般是无息的；企业内源融资主要是投资机会成本。

(4) 分析企业现有负债结构，明确还债风险时期。

(5) 分析企业未来现金收入流量，明确未来不同时期的还债能力。

(6) 对照计算还债风险时期，在优化负债机构的基础上，选择安排新负债。

(7) 权衡还债风险和筹资成本，拟定筹资方案。

(8) 选择筹资方案，在还债风险可承担的限度内，尽可能选择筹资成本低的筹资渠道以取得资金。

思考与练习

一、单项选择题

1. 下面哪种方式筹措的资金为权益资金？(　　)

A. 银行借款　　B. 利用留存收益

C. 利用商业信用　　D. 融资租赁

2. 股票按股东的权利和义务不同分为(　　)。

A. A 种股票和 B 种股票　　B. 记名股票和无记名股票
C. 法人股和个人股　　D. 普通股和优先股

3. 下列筹集方式中，资本成本相对最低的是(　　)。
A. 发行股票　B. 发行债券　C. 长期借款　D. 留用利润

4. 资本成本很高且财务风险很低的是(　　)。
A. 吸收投资　B. 发行股票　C. 发行债券
D. 长期借款　E. 融资租赁

5. 在下列长期融资方式中，资本成本最高的是(　　)。
A. 普通股成本　B. 债券成本　C. 优先股成本　D. 长期借款成本

6. (　　)筹集方式的资本成本高，而财务风险一般。
A. 发行股票　B. 发行债券　C. 长期借款　D. 融资租赁

二、简答题

1. 什么是建设项目资金筹措？可以分为哪几类？
2. 项目资本金的来源有哪些？有哪些筹措方式？
3. 负债筹资的筹措方式有哪些？
4. 资本金筹措和负债资金各有哪些筹措方式？
5. BOT 项目融资方式有哪些优势？

三、计算题

1. 某公司发行面额为 500 万元的 10 年期债券，票面利率为 12%，发行费率为 5%，公司所得税税率为 25%，该债券的资金成本为多少？

2. 某企业共有资本成本 1 000 万元，其中银行借款 100 万元，资金成本 6.73%；债务资金 300 万元，资金成本 7.42%；优先股 100 万元，资金成本 10.42%；普通股 400 万元，资本成本 14.57%；留存收益 100 万元，资金成本 14%。试计算该企业加权平均资金成本。

3. 某投资项目筹资 8 000 万元，其中发行债券 2 000 万元，发行费用为 18 万元，债券利率为 10.5%；发行股票 4 000 万元，资金成本率为 14.7%；留用盈余资金 1 000 万元，其机会成本率为 14.7%；借贷资金为 1 000 万元，利息率为 12%。试求资金平均成本率。

模块 4　建设项目技术方案的经济效果评价

学习目标		(1)了解经济效果评价的基本内容。 (2)熟悉经济效果评价方法。 (3)掌握投资回收期、净现值、内部收益率等经济效果评价指标的基本含义、计算方法及判别标准。 (4)掌握互斥方案的比较和选择方法。
重点和难点	重点	(1)投资方案可行性的评价。 (2)净现值、净年值、内部收益率和动态投资回收期等指标的应用。 (3)投资回收期、总投资收益率、资产负债率和借款偿还期等指标的应用。
	难点	(1)寿命相等的互斥方案经济效果评价。 (2)寿命不等的互斥方案经济效果评价。 (3)无限寿命的互斥方案经济效果评价。
思政目标		(1)鼓舞和鉴定学生为国家建设努力奋斗的职业信念。 (2)树立砥砺前行、奋斗强国的勇气信心和远大志向。

4.1　经济效果评价概述

经济效果评价，就是根据国民经济与社会发展规划以及行业、地区发展规划的要求，在拟定的技术方案、财务效益与费用估算的基础上，采用科学的分析方法，对技术方案的财务可行性和经济合理性进行分析论证，为选择技术方案提供科学的决策依据。

4.1.1　经济效果评价的基本内容

经济效果评价的内容应根据技术方案的性质、目标、投资者、财务主体以及方案对经济与社会的影响程度等具体情况确定，一般包括方案盈利能力、偿债能力、财务生存能力评价等内容。

1. 技术方案的盈利能力

技术方案的盈利能力是指分析和测算拟定技术方案计算期的盈利能力和盈利水平。其

主要分析指标包括技术方案财务内部收益率和财务净现值、资本金财务内部收益率、静态投资回收期、总投资收益率和资本金净利润率等，可根据拟定技术方案的特点及经济效果分析的目的和要求等选用。

2. 技术方案的偿债能力

技术方案的偿债能力是指分析和判断方案和企业的偿债能力，重点是财务主体——企业的偿债能力，其主要指标包括利息备付率、偿债备付率和资产负债率等。

3. 技术方案的财务生存能力

财务生存能力分析又称资金平衡分析，是根据拟定技术方案的财务计划现金流量表，通过考察拟定技术方案计算期内各年的投资、融资和经营活动所产生的各项现金流入和流出，计算净现金流量和累计盈余资金，分析技术方案是否有足够的净现金流量维持正常运营，以实现财务可持续性。而财务可持续性应首先体现在有足够的经营净现金流量，这是财务可持续的基本条件；其次在整个运营期间，允许个别年份的净现金流量出现负值，但各年累计盈余资金不应出现负值，这是财务生存的必要条件。若出现负值，应进行短期借款，同时分析该短期借款的时间长短和数额大小，进一步判断拟定技术方案的财务生存能力。短期借款应体现在财务计划现金流量表中，其利息应计入财务费用。为维持技术方案正常运营，还应分析短期借款的可靠性。

在实际应用中，对于经营性方案，经济效果评价是从拟定技术方案的角度出发，根据国家现行财政、税收制度和现行市场价格，计算拟定技术方案的投资费用、成本与收入、税金等财务数据，通过编制财务分析报表，计算财务指标，分析拟定技术方案的盈利能力、偿债能力和财务生存能力，据此考察拟定技术方案的财务可行性和财务可接受性，明确拟定技术方案对财务主体及投资者的价值贡献，并得出经济效果评价的结论。投资者可根据拟定技术方案的经济效果评价结论、投资者自身的财务状况和投资者所承担的风险程度，决定拟定技术方案是否应该实施。对于非经营性方案，经济效果评价应主要分析拟定技术方案的财务生存能力，据此还可得出需要政府补助维持技术方案持续运营的费用。

4.1.2 经济效果评价的程序

1. 熟悉技术方案的基本情况

熟悉技术方案的基本情况，包括投资的目的、意义、要求及实施的条件和投资环境，做好市场调查研究和预测、技术水平研究和设计方案。

2. 收集、整理和计算有关技术经济基础数据资料与参数

技术经济数据资料与参数是进行技术方案经济效果评价的基本依据，所以在进行经济效果评价之前，必须先收集、估计、测算和选定一系列有关的技术经济数据与参数，主要包括以下数据与参数。

(1) 技术方案投入物和产出物的价格、费率、税率、汇率、计算期、生产负荷及基准收益率等。它们是重要的技术经济数据与参数，在对技术方案进行经济效果评价时，必须科学、合理地选用。

(2) 技术方案建设期间分年度投资支出额和技术方案投资总额。技术方案投资包括建设投资和流动资金需要量。

(3) 技术方案资金来源方式、数额、利率、偿还时间，以及分年还本付息数额。

(4) 技术方案生产期间的分年产品成本，其包括总成本、经营成本、单位产品成本、固定成本和变动成本。

(5) 技术方案生产期间的分年产品销售数量、营业收入、营业中税金及附加、营业利润及其分配数额。在进行经济效果分析时，营业中税金及附加包含消费税、土地增值税、资源税和城市维护建设税、教育费附加、地方教育附加。

根据以上技术经济数据与参数分别估测出技术方案整个计算期(包括建设期和生产期)的财务数据。

3. 根据基础财务数据资料编制各基本财务报表

(略)

4. 经济效果评价

运用财务报表的数据与相关参数，计算技术方案的各经济效果分析指标值，并进行经济可行性分析，得出结论。具体步骤如下。

(1) 首先进行融资前的盈利能力分析，其结果体现技术方案本身设计的合理性，用于初步投资决策以及技术方案的比选。也就是说，用于考察技术方案是否可行、是否值得去融资。这对技术方案投资者、债权人和政府管理部门都是有用的。

(2) 如果第一步分析的结论是“可行”的，那么进一步去寻求适宜的资金来源和融资方案，就需要借助于对技术方案的融资后分析，即资本金盈利能力分析和偿债能力分析，投资者和债权人可据此作出最终的投/融资决策。

4.1.3　经济效果评价的方法

由于经济效果评价的目的在于确保决策的正确性和科学性，避免或最大限度地降低技术方案的投资风险，明确技术方案投资的经济效果水平，最大限度地提高技术方案投资的综合经济效果。因此，正确选择经济效果评价的方法是十分重要的。

1. 经济效果评价的基本方法

经济效果评价的基本方法有确定性评价方法与不确定性评价方法两种。对同一个技术方案必须同时进行确定性评价和不确定性评价。

2. 定量分析和定性分析

按评价方法的性质不同，经济效果评价可分为定量分析和定性分析。

1) 定量分析

定量分析是指对可度量因素的分析方法。在技术方案经济效果评价中考虑的定量分析因素包括资产价值、资本成本，以及有关销售额、成本等一系列可以用货币表示的一切费用和收益。

2) 定性分析

定性分析是指对无法精确度量的重要因素进行的估量分析方法。

在技术方案经济效果评价中，应坚持定量分析与定性分析相结合，以定量分析为主的原则。

3. 静态分析和动态分析

对定量分析，按其是否考虑时间因素又可分为静态分析和动态分析，具体内容如下。

1) 静态分析

静态分析是不考虑资金的时间因素，即不考虑时间因素对资金价值的影响，而对技术方案现金流量分别进行直接汇总来计算分析指标的方法。

2) 动态分析

动态分析是在分析技术方案的经济效果时，对发生在不同时间的现金流量折现后来计算分析指标。在工程经济分析中，由于时间和利率的影响，对技术方案的每一笔现金流量都应该考虑其所发生的时间，以及时间因素对其价值的影响。动态分析能较全面地反映技术方案整个计算期的经济效果。

在技术方案经济效果评价中，应坚持动态分析与静态分析相结合，以动态分析为主的原则。

4. 融资前分析和融资后分析

按评价是否考虑融资分类，经济效果分析可分为融资前分析和融资后分析。一般宜先进行融资前分析，在融资前分析结论满足要求的情况下，初步设定融资方案，再进行融资后分析。

1) 融资前分析

融资前分析应考察技术方案整个计算期内现金流入和现金流出，编制技术方案投资现金流量表，计算技术方案财务内部收益率、财务净现值和静态投资回收期等指标。融资前分析排除了融资方案变化的影响，从技术方案投资总获利能力的角度，考察技术方案设计的合理性，可作为技术方案初步投资决策与融资方案研究的依据和基础。融资前分析应以动态分析为主，静态分析为辅。

2) 融资后分析

融资后分析应以融资前分析和初步的融资方案为基础，考察技术方案在拟定融资条件下的盈利能力、偿债能力和财务生存能力，判断技术方案在融资条件下的可行性。融资后分析用于对比融资方案，帮助投资者作出融资决策。融资后的盈利能力分析也应包括动态分析和静态分析。

(1) 动态分析包括下列两个方面。

① 技术方案资本金现金流量分析。分析应在拟定的融资方案下，从技术方案资本金出资者整体的角度，计算技术方案资本金财务内部收益率指标，考察技术方案资本金可获得的收益水平。

② 投资各方现金流量分析。分析应从投资各方实际收入和支出的角度，计算投资各方的财务内部收益率指标，考察投资各方可能获得的收益水平。

(2) 静态分析是指不采取折现方式处理数据，依据利润与利润分配表计算技术方案资本金净利润率(ROE)和总投资收益率(ROI)指标。静态分析可根据技术方案的具体情况选做。

5. 事前评价、事中评价和事后评价

按技术方案评价的时间，经济效果评价可分为事前评价、事中评价和事后评价。

1) 事前评价

事前评价，是指在技术方案实施前为决策所进行的评价。显然，事前评价都有一定的预测性，因而也就有一定的不确定性和风险性。

2) 事中评价

事中评价，亦称跟踪评价，是指在技术方案实施过程中所进行的评价。这是由于在技术方案实施前所作的评价结论及评价所依据的外部条件(市场条件、投资环境等)的变化而需要进行修改，或因事前评价时考虑问题不周、失误，甚至根本未作事前评价，在技术方案实施过程中遇到困难，而不得不反过来重新进行评价，以决定原决策有无全部或局部修改的必要性。

3) 事后评价

事后评价，亦称后评价，是指在技术方案实施完成后，总结评价技术方案决策的正确性、技术方案实施过程中项目管理的有效性等。

4.2　经济效果评价指标体系

4.2.1　静态评价指标

时间型评价指标(微课)

静态评价方法是在不考虑资金时间价值的情况下，对方案在分析期内的收支进行分析、计算、评价的方法。项目的经济性可以用经济效果评价指标来反映。静态评价方法常用的指标有盈利能力分析指标和清偿能力分析指标。

1. 盈利能力分析指标

1) 投资回收期

投资回收期就是从项目投建之日起，用项目各年的净收入(年收入减年支出，或称净现金流量)将全部投资收回所需的期限，一般以年为计算单位，其表达式为：

$$\sum_{t=0}^{P_t}(\mathrm{CI}-\mathrm{CO})_t=0 \tag{4-1}$$

式中：P_t——静态投资回收期(年)；

CI——现金流入量；

CO——现金流出量；

$(\mathrm{CI}-\mathrm{CO})_t$——第 t 年的净现金流量。

满足上式的 P_t 值就是静态投资回收期。

此外，静态投资回收期也可根据全部投资的财务现金流量表中累计净现金流量计算求得，其计算公式为：

$$P_t=T-1+\left|\sum_{t=0}^{T-1}(\mathrm{CI}-\mathrm{CO})_t\right|/(\mathrm{CI}-\mathrm{CO})_T \tag{4-2}$$

投资回收期的评价准则，要求把求得的投资回收期和国家或有关部门规定的标准投资回收期 P_c 相比较。

若 $P_t \leqslant P_c$，项目可以接受；反之，项目则应拒绝。

【例 4-1】 某项目的净现金流量及累计净现金流量如表 4-1 所示，基准投资回收期 $P_c=9$ 年，试用投资回收期法评价方案的可行性。

表 4-1　净现金流量及累计净现金流量

单位：万元

年份	0	1	2	3	4	5	6	7～n
净现金流量	−5 000	0	0	1 000	1 200	1 600	2 000	2 000
累计净现金流量	−5 000	−5 000	−5 000	−4 000	−2 800	−1 200	800	2 800

【解】

解法一：用式(4-1)计算投资回收期。

$$\sum_{t=0}^{P_t}(\mathrm{CI}-\mathrm{CO})_t=-5\,000+0+0+1\,000+1\,200+1\,600+1\,200=0$$

P_t=5.6 年<P_c，方案可行。

解法二：用式(4-2)计算投资回收期。

P_t=6−1+1200/2000=5.6 年<P_c，方案可行。

投资回收期指标的优点是概念明确、计算简单。它反映资金的周转速度，因此对提高资金利用率很有意义。它在一定程度上不仅反映了项目的经济性，还反映了项目风险的大小。但是，它没有考虑投资回收以后的情况，也没有考虑投资方案的使用年限，只是反映了项目的部分经济效果，不能全面地反映项目的经济性，难以对此方案的比较选择作出明确判断。例如，有 A、B、C 三个方案，其现金流量如表 4-2 所示。

表 4-2　各方案的现金流量

单位：万元

年份	0	1	2	3	4	5	6
方案 A	−2 000	1 000	1 000	0	0	0	0
方案 B	−2 000	1 000	800	200	500	500	500
方案 C	−2 000	400	500	500	600	1 000	2 000

比较 A、B、C 三个方案，其投资额均为 1 000 万元，投资回收期分别为 2 年、3 年和 4 年，若仅依据投资回收期的长短取舍方案的话，A 方案首先被接受，然而 A 方案投资回收后的净收益为零，是三个方案中最差的。

由此可见，投资回收期只能判断方案的可行性，不能用于多方案的比较选优。尽管如此，投资回收期在项目评价中仍然具有特殊的地位和作用，并被广泛用作项目评价的辅助性指标。

需要说明的是，在现行的投资回收期计算中，对于回收投资来源，有人主张用纯收入，有人主张用税后利润加折旧费；对于回收期计算起点，有人主张从投资之日算起，有人主张从投产之日算起；对于回收对象，有人认为应回收全部投资，即固定资产和流动资金投资，有人认为只回收固定资产投资。总之，不同算法计算出的投资回收期的意义和结果是不同的。实际应用时，应予以注明。

2) 总投资收益率

总投资收益率(ROI)反映总投资的盈利水平，是指项目达到设计能力后正常年份的年息税前利润(EBIT)或运营期内平均息税前利润与项目总投资(TI)的比率。其表达式为：

$$\mathrm{ROI}=\frac{\mathrm{EBIT}}{\mathrm{TI}}\times 100\% \tag{4-3}$$

式中：息税前利润=利润总额+支付的全部利息；

或息税前利润=营业收入-营业税金及附加-经营成本-折旧和摊销。

总投资收益率高于同行业的收益率参考值，表明总投资收益率表示的盈利能力满足要求，则建设项目在经济上可以考虑接受，否则，建设项目应予以拒绝。

3) 项目资本金净利润率

项目资本金净利润率(ROE)反映项目资本金的盈利水平，是指项目达到设计能力后正常年份的年净利润或运营期内平均净利润(NP)与项目资本金(EC)的比率。其表达式为：

$$\mathrm{ROE}=\frac{\mathrm{NP}}{\mathrm{EC}}\times 100\% \tag{4-4}$$

项目资本金净利润率若高于同行业的净利润率参考值，表明用项目资本金净利润率表示的盈利能力满足要求，则建设项目在经济上可以考虑接受，否则，建设项目应予以拒绝。

2. 清偿能力分析指标

项目清偿能力分析主要是分析寿命期内的财务状况及偿债能力，可用以下指标表示。

1) 资产负债率

资产负债率是反映项目各年所面临的财务风险程度及偿债能力的指标，是指各期末债务总额同资产总额的比率，表示总资产中有多少是通过负债得来的。其表达式为：

$$\text{资产负债率}=\frac{\text{负债合计}}{\text{资产合计}}\times 100\% \tag{4-5}$$

资产负债率旨在分析资产结构中负债的比重，用以反映债权人所提供的资金占企业总资产的百分比，从债务比重上说明债权人所得到的保障程度。该指标比例越低，对债权人就越有利。

资产负债率的判别指标，应根据国家宏观经济状况、行业发展趋势、所处竞争环境等具体条件来分析，目前通常认为在 40%～60%为宜。

2) 流动比率

流动比率是衡量项目清偿其短期负债能力的一个非常粗略的指标。其表达式为：

$$\text{流动比率}=\frac{\text{流动资产总额}}{\text{流动负债总额}}\times 100\% \tag{4-6}$$

式中：流动资产=流动现金+有价证券+应收账款+存货；

流动负债=应付账款+短期应付票据+应付未付工资+税收+其他债务。

流动比率旨在分析企业资产流动性的大小，判断短期债权人的债权在到期前偿债企业用现金及预期在该一期中能够变现的资产偿还的限度。

流动比率越高，表明企业偿付短期负债的能力越强。但比率太高会影响盈利水平，一

般来说，保持 2∶1 的流动比率较为适当，但不同的公司有不同的标准。

3) 速动比率

为了避免流动资产中存货及预付款变现的困难，因此引入速动比率来反映项目快速偿付流动负债的能力。其表达式为：

$$速动比率=\frac{流动资产总额-存货}{流动负债总额}\times 100\% \tag{4-7}$$

速动资产是扣除存货及预付账款后的流动资产，包括现金、有价证券、应收票据和应收账款等。

速动比率一般在 1～1.2 的范围内较合适。但不同的公司有不同的标准。

4) 利息备付率

利息备付率是指在借款偿还期内的息税前利润与当年应付利息的比值，它从付息资金来源的充裕性角度反映支付债务利息的能力。其表达式为：

$$利息备付率=\frac{息税前利润}{应付利息额}\times 100\% \tag{4-8}$$

息税前利润等于利润总额和当年应付利息之和，当年应付利息是指计入总成本费用的全部利息。

利息备付率表示利息支付的保证倍率一般在 1～2 的范围内较合适，并结合债权人的要求确定。利息备付率高于 1，说明支付利息的保证度大，偿债风险小；利息备付率低于 1，表示没有足够资金支付利息，偿债风险很大。

5) 偿债备付率

偿债备付率是指在债务偿还期内可用于还本付息的资金与当年应还本付息额的比值，它从偿债资金来源的充裕性角度反映偿付债务本息的能力。其表达式为：

$$偿债备付率=\frac{息税折旧摊销前利润-所得税}{应还本付息额}\times 100\% \tag{4-9}$$

式中：息税折旧摊销前利润=息税前利润+折旧+摊销；

应还本利息额=还本金额+利息。

偿债备付率表示偿付债务本息的保证倍率，一般在 1～1.3 的范围内较合适，并结合债权人的要求确定。偿债备付率低，说明偿付债务的资金不充足，偿债风险大。当这一指标小于 1 时，表示可用于还本付息的资金不足以偿付当年债务。

4.2.2 动态评价指标

价值型评价指标(微课)

动态评价方法是在考虑资金时间价值的情况下，将项目的整个寿命期内不同期资金的流入和流出，换算成统一时点的价值进行分析、比较，这为不同方案和不同项目的经济比较提供了同等的基础。动态评价方法常用的指标有净现值、净年值、内部收益率和动态投资回收期等，这些指标比静态指标更全面、更科学。

1. 净现值

净现值是对投资项目进行动态评价的最重要指标之一。该指标要求项目寿命期内各个

阶段发生的现金流量，按一定的折现率将各年净现金流量折现到同一时点(通常是期初)的现值累加值，这就是净现值。净现值的表达式为：

$$NPV=\sum_{t=0}^{n}(CI-CO)_t(1+i_c)^{-t} \tag{4-10}$$

式中：NPV——净现值；

i_c——基准折现率；

n——项目寿命年限。

其他符号意义同前。

判断准则：对单一项目方案而言，若 $NPV \geqslant 0$，则项目予以接受；若 $NPV<0$，则项目应予以拒绝。

多方案比选时，在投资额相等的前提下，以净现值大的方案为优。

【例 4-2】某投资的现金流量如图 4-1 所示，当 $i=10\%$时，用 NPV 评价方案的可行性。(单位：元)

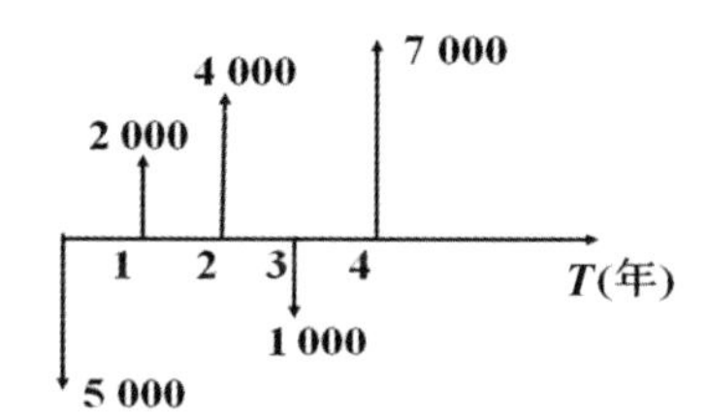

图 4-1　某投资项目现金流量图

【解】

NPV= −5 000 +2 000(*P*/*F*,10%,1)+4 000(*P*/*F*,10%,2)+7 000(*P*/*F*,10%,4)−1 000(*P*/*F*,10%,3)

= 4 153.75(元)

由于 $NPV>0$，故方案可行。

【例 4-3】 某企业基建项目有 A、B 两个设计方案，其建设期为 1 年，计算期为 6 年，$i_c=10\%$。其中，A 方案的初期投资为 1 800 万元，年经营成本为 500 万元，年销售额为 1 500 万元，第四年年末工程项目配套追加投资 800 万元，残值为 0；B 方案的初期投资为 2 500 万元，年经营成本为 600 万元，年销售额为 2 000 万元，第三年年末工程项目配套追加投资 1 200 万元，残值为 100 万元。试计算投资方案的净现值，并用净现值法对方案进行评价选择。

【解】

(1) 计算两个方案的净现值。

NPV_A=−1 800+(1 500−500)(*P*/*A*,10%,6)−800(*P*/*F*,10%,4)

=−1 800+1 000×4.355 3−800×0.683 0=2 008.9(万元)

NPV_B=−2 500+(2 000−600)(*P*/*A*,10%,6)−1 200(*P*/*F*,10%,3)+100(*P*/*F*,10%,6)

=−2 500+1 400×4.355 3−1 200×0.751 3+100×0.564 5=2 752.31(万元)

由于 NPV_A、NPV_B 均大于零，所以 A、B 两个设计方案均能达到 10%的基准收益率外，在服务期末还能获得 2 008.9 万元、2 752.31 万元的超额净现值收益，说明两个方案在经济上是可行的。

(2) 对方案进行评价选择。

利用净现值对多方案比选时，只有在投资额相等的前提下，以净现值大的方案为优。当投资额不同时，不考虑各方案投资额的大小，不能直接反映资金的利用效率。为了考察资金的利用效率，通常用净现值指数(或称净现值率 NPVR)为净现值的辅助指标，用于投资额不等时方案的比选。

净现值率是项目净现值与项目投资总额现值之比，其经济含义是单位投资现值所能带来的净现值。其计算公式为：

$$\mathrm{NPVR}=\frac{\mathrm{NPV}}{K_{\mathrm{P}}}=\frac{\sum_{t=0}^{n}(\mathrm{CI}-\mathrm{CO})_t(1+i_c)^{-t}}{\sum_{t=0}^{n}K_t(1+i_c)^{-t}} \tag{4-11}$$

式中：K_{P}——项目总投资现值。

对于 A 方案而言，K_{PA}=1 800+800(P/F,10%,4)=1 800+800×0.683 0=2 346.4(万元)

对于 B 方案而言，K_{PB}=2 500+1 200(P/F,10%,3)−100(P/F,10%,6)

=2 500+1 200×0.751 3−100×0.564 5=3 345.11(万元)

根据式(4-11)可得：

$$\mathrm{NPVR}_{\mathrm{A}}=\frac{2\,008.9}{2\,346.4}=0.856\,2$$

$$\mathrm{NPVR}_{\mathrm{B}}=\frac{2\,752.31}{3\,345.11}-0.822\,8$$

由于 $\mathrm{NPVR_A}>\mathrm{NPVR_B}$，故 A 方案为较优方案。

2. 财务净现值

1) 概念

财务净现值(FNPV)是反映技术方案在计算期内盈利能力的动态评价指标。技术方案的财务净现值是指用一个预定的基准收益率(或设定的折现率)i_c，分别把整个计算期间内各年所发生的净现金流量都折现到技术方案开始实施时的现值之和。财务净现值计算公式为：

$$\mathrm{FNPV}=\sum_{t=0}^{n}(\mathrm{CI}-\mathrm{CO})_t(1+i_c)^{-t} \tag{4-12}$$

式中　FNPV——财务净现值；

$(\mathrm{CI}-\mathrm{CO})_t$——技术方案第 t 年的净现金流量(应注意“+”“−”号)；

i_c——基准收益率；

n——技术方案计算期。

可根据需要选择计算所得税前财务净现值或所得税后财务净现值。

2) 判别准则

财务净现值是评价技术方案盈利能力的绝对指标。当 FNPV>0 时，说明该技术方案除了满足基准收益率要求的盈利之外，还能得到超额收益的现值，换句话说，技术方案现金流入的现值和大于现金流出的现值和，该技术方案有超额收益的现值，故该技术方案在财务上可行；当 FNPV=0 时，说明该技术方案基本能满足基准收益率要求的盈利水平，即技术方案现金流入的现值正好抵偿技术方案现金流出的现值，该技术方案在财务上还是可行的；当 FNPV<0 时，说明该技术方案不能满足基准收益率要求的盈利水平，即技术方案收

益的现值不能抵偿支出的现值，该技术方案在财务上不可行。

对多个互斥技术方案评价时，在所有 FNPV≥0 的技术方案中，以财务净现值最大的技术方案为财务上相对更优的方案。

【例 4-4】某技术方案的现金流量如表 4-3 所示，设 i_c=8%，试计算财务净现值(FNPV)。

表 4-3　某技术方案净现金流量

单位：万元

年份	1	2	3	4	5	6	7
净现金流量	−4 200	−4 700	2 000	2 500	2 500	2 500	2 500

【解】根据式(4-12)，可以得到：

$$\begin{aligned}\text{FNPV} &= -4\,200\times\frac{1}{(1+8\%)}-4\,700\times\frac{1}{(1+8\%)^2}+2\,000\times\frac{1}{(1+8\%)^3}+2\,500\times\frac{1}{(1+8\%)^4}\\&\quad+2\,500\times\frac{1}{(1+8\%)^5}+2\,500\times\frac{1}{(1+8\%)^6}+2\,500\times\frac{1}{(1+8\%)^7}\\&=-4\,200\times0.925\,9-4\,700\times0.857\,3+2\,000\times0.793\,8+2\,500\times0.735\,0+2\,500\times0.680\,6\\&\quad+2\,500\times0.630\,2+2\,500\times0.583\,5\\&=242.76(\text{万元})\end{aligned}$$

由于 FNPV=242.76 万元>0，所以该技术方案在经济上可行。

3. 净年值

净年值是将项目寿命期的净现金流量通过资金等值计算换算成等额支付系列的年值。其计算公式为：

$$\text{NAV}=\text{NPV}(A/P,i_c,n)=\left[\sum_{t=0}^{n}(\text{CI}-\text{CO})_t(1+i_c)^{-t}\right](A/P,i_c,n) \tag{4-13}$$

式中：NAV——净年值。

其他符号意义同前。

当然，净年值还可以通过终值(将来值)来换算，这里不再赘述。

净年值指标判别准则与净现值指标判别准则相同。即 NAV≥0，项目应予以接受；若 NAV<0，则项目应予以拒绝。净现值的含义是项目在整个寿命期内获取超出最低期望盈利的超额收益的现值。而净年值给出的是项目寿命期内每年的等额超额收益。在某些决策结构的评价中，采用净年值比应用净现值更为简便和易于计算，因此，净年值指标在项目经济评价中占有相当重要的地位。

【例 4-5】某投资方案的净现金流量如图 4-2 所示，设 $i_c=10\%$，求该方案的净年值。(单位：万元)

【解】

方法一：用现值求，算式为：

$$\text{NAV}=[-5\,000+2\,000\times(P/F,10\%,1)+4\,000\times(P/F,10\%,2)-1\,000\times(P/F,10\%,3)+7\,000\times(P/F,10\%,4)]\times(A/P,10\%,4)=1\,311(\text{万元})$$

方法二：用终值求，算式为：

$$NAV=[-5\ 000\times(F/P,10\%,4)+2\ 000\times(F/P,10\%,3)+4\ 000\times(F/P,10\%,2)-1\ 000\times(F/P,10\%,1)+7\ 000]\times(A/F,10\%,4)=1\ 311(万元)$$

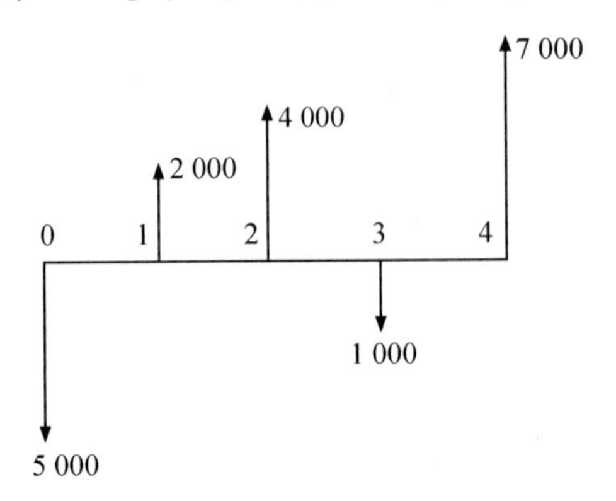

图 4-2　某投资方案净现金流量图

4. 费用现值和费用年值

在对多个方案比较时，如果各个方案的收入皆相同或者各个方案都能满足同样的需求，但收入难以用货币计量，这时计算净现值和净年值指标可以省略现金流量中的收入，只计算支出，这样的计算结果称为费用现值和费用年值，为方便起见，支出一般取正值。

费用现值的表达式为：

$$PC=\sum_{t=0}^{n}CO_t(P/F,i_c,t) \tag{4-14}$$

费用年值的表达式为：

$$AC=PC\times(A/P,i_c,n)=\left[\sum_{t=0}^{n}CO_t(P/F,i_c,t)\right]\times(A/P,i_c,n) \tag{4-15}$$

费用现值和费用年值指标只能用于多个方案的比选，其判断准则是：费用现值或费用年值最小的方案为优。

【例 4-6】 设备 A 原值为 1 600 元，在 5 年寿命期内每年经营费为 500 元；设备 B 原值为 1 200 元，在 5 年寿命期内每年经营费为 650 元，两台设备的残值均为 0，期望收益率为 8%，应选择哪台设备？

【解】

方法一：按费用现值计算

PC_A= 1 600+500(P/A,8%,5)=3 600(元)

PC_B= 1 200 + 650(P/A,8%,5)=3 800(元)

因为 $PC_A < PC_B$，所以应选择设备 A。

方法二：按费用年值计算。

AC_A= 500 + 1600(A/P,8%,5)=900(元/年)

AC_B= 650 + 1200(A/P,8%,5)=950(元/年)

因为 $AC_A < AC_B$，所以应选择设备 A。

根据费用最小的选择准则，无论按费用现值还是按费用年值计算，结果是一致的，设备 A 优于设备 B。

5. 内部收益率

效率型评价指标(微课)

1) 基本概念

内部收益率是反映项目所占有资金的盈利率，是考察项目盈利能力的主要动态指标。内部收益率又称内部报酬率。由净现值函数可知，一个投资方案的净现值与所选贴现率有关，净现值的数值随贴现率的增大而减小。在方案寿命周期内，可以使净现值等于零时的折现率称为该方案的内部收益率。

2) 内部收益率的求解

由内部收益率的定义可知，当用净现值等于零的概念求解时，可用下式求得，即

$$\mathrm{NPV(IRR)}=\sum_{t=0}^{n}(\mathrm{CI}-\mathrm{CO})_t(1+\mathrm{IRR})^{-t}=0 \tag{4-16}$$

式中：IRR——项目内部收益率；

其他符号意义同前。

由于求解 IRR 的式(4-16)是一个一元高次方程，因此，在实际应用中通常采用“线性内插法”求 IRR 的近似解，其步骤如下。

① 计算各方案的净现金流量。

② 假定 i_1、i_2 且满足：

$i_1<i_2$，且$(i_2-i_1)\leqslant 5\%$； $\mathrm{NPV}(i_1)>0$，$\mathrm{NPV}(i_2)<0$。如果假定的 i_1、i_2 不满足该条件，则要重新假定，直至满足条件。

③ $\mathrm{IRR}=i_1+\dfrac{\mathrm{NPV}_1}{\mathrm{NPV}_1+|\mathrm{NPV}_2|}(i_2-i_1)$

式中：i_1——插值用的低折现率；

i_2——插值用的高折现率；

NPV_1——用 i_1 值计算的净现值(正值)；

NPV_2——用 i_2 值计算的净现值(负值)。

【例 4-7】 已知某方案的现金流量如图 4-3 所示，基准折现率为 5%时，试用内部收益率指标判断该项目在经济效果上是否可以接受。

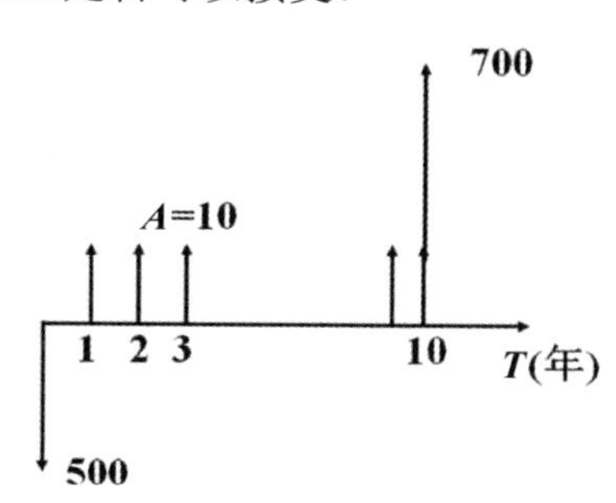

图 4-3 方案现金流量图

【解】

由图 4-3 可知：

NPV= −500+10(*P*/*A*, *i*, 10)+700(*P*/*F*, *i*, 10)= 0

为了求出 i_1(第一次估计利率)，可将所有收入换算到第 10 年的总额 F(暂不考虑货币的时间价值，i=0)。

现金流出 P=500

现金流入 F=10×10+700=800

时间 N=10

用一次支付复利现值公式：500=800(P/F,i,10)

可得(P/F,i,10)= 0.625

查表可知：i=4%时，(P/F,4%,10)= 0.675 6；i=5%时，(P/F,5%,10)= 0.613 9

取 i_1=5%进行试算：−500+10(P/A,5%,10)+700(P/F,5%,10)= 69.46>0

取 i_2=6%进行试算：−500+10(P/A,6%,10)+700(P/F,6%,10)= −355.19<0

由此可见，i_1、i_2 的选取满足试算条件。

用内插法计算 IRR，则有：

$$\mathrm{IRR}=i_1+\frac{\mathrm{NPV}_1}{\mathrm{NPV}_1+\left|\mathrm{NPV}_2\right|}(i_2-i_1)=5\%+(6\%-5\%)\times\frac{69.46}{69.46+355.19}=5.16\%$$

由于 IRR=5.16%大于基准折现率，故该项目在经济效果上是可以接受的。

内部收益率是投资项目的实际盈利率，概念清晰、明确，用起来方便，与净现值相比，不需要事先确定基准折现率，因此可以避免一些麻烦，但它与净现值具有一致的评价标准。即当 IRR>i_c 时，此时 NPV>0，投资方案是可以接受的。

3) 经济含义

内部收益率的经济含义，是在项目的整个寿命期内按利率 i=IRR 计算，始终存在未能收回的投资，而在寿命结束时，投资恰好被完全收回。也就是说，在项目寿命期内，项目始终处于“偿付”未被收回的投资状况。因此，项目的偿付能力完全取决于项目内部，故又称内部收益率。

【例 4-8】 有一投资项目，期初投资 1 亿元，寿命期为 4 年，各年的净现金流量如表 4-4 所示。现已求得内部收益率 IRR=10%，试计算按 10%利率回收全部投资的年限。

表 4-4　净现金流量表

单位：万元

年份	净现金流量(年末发生)(1)	年初未回收的投资(2)	年初未回收的投资到年末的余额(3)=(2)×(1+IRR)	年末未回收的投资(4)=(3)−(1)
0	−10 000			
1	4 000	10 000	11 000	7 000
2	3 700	7 000	7 700	4 000
3	2 400	4 000	4 400	2 000
4	2 200	2 000	2 200	0

【解】

计算过程如表 4-4 所示，相应的现金流量如图 4-4 所示。

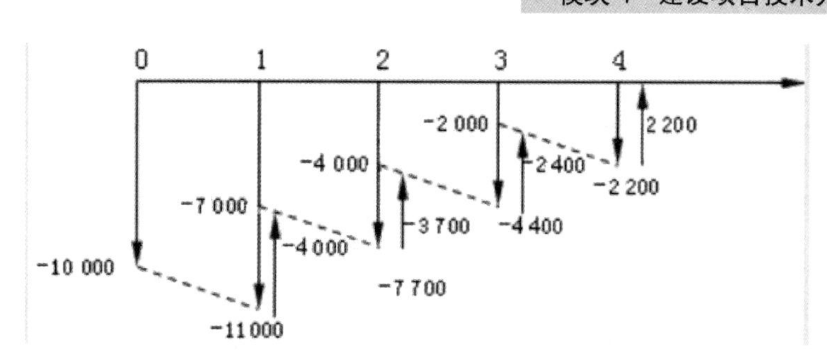

图 4-4　反映 IRR 含义的现金流量图

由项目被占用资金的回收过程，可以看出内部收益率是项目寿命期内没有回收的资金的盈利率，不是初始投资在整个寿命期内的盈利率，因而它不仅受项目初始投资规模的影响，而且受项目寿命期内各年净收益大小的影响。由于内部收益率不是用来计算初期投资收益的，所以不能直接用内部收益率的大小来判断方案的先后顺序。

需要说明的是，并非在所有现金流量情况下都存在明确含义的内部收益率，这是因为内部收益率公式是一个高次方程，有 n 个根，包括复数根和重根，而正实数根可能不止一个，导致某些现金流量不存在内部收益率。关于这方面的问题不再详述。

6. 动态投资回收期

为了克服静态投资回收期未考虑资金时间价值的缺点，可求动态投资回收期。动态投资回收期是能使下式成立的 P_D，其表达式为：

$$\sum_{t=0}^{P_D}(\mathrm{CI}-\mathrm{CO})_t(1+i_c)^{-t}=0 \tag{4-17}$$

式中：P_D——动态投资回收期(年)。

其他符号意义同前。

从式(4-17)中可以看出，动态投资回收期就是按基准收益率将各年净收益和投资折现，使净现值刚好等于零的计算期期数。

动态投资回收期更为实用的计算公式是：

$$P_D=[\text{累计折现值开始出现正值的年份数}-1]+\frac{\text{上年累计净现值的绝对值}}{\text{当年的净现值}} \tag{4-18}$$

判断准则：设基准动态投资回收期为 P_b，若 $P_D \leqslant P_b$，则可接受项目；否则，应拒绝项目。

【例 4-9】 某项目现金流量如表 4-5 所示，计算动态投资回收期，并对项目的可行性判断取舍，基准折现率按 10%计算，基准投资回收期 P_C=6 年。

【解】

计算过程如表 4-5 所示。将数据代入式(4-18)中，得

P_D=6−1+119/141=5.84(年)<6(年)

动态投资回收期也没有考虑回收期以后的经济效果，因此不能全面地反映项目在经济寿命期的真实效益，通常只用于辅助性评价。

表 4-5　现金流量表

单位：万元

项目年度	0	1	2	3	4	5	6	7	8	9	10
支出	20	500	100	300	450	450	450	450	450	450	450
收入				450	700	700	700	700	700	700	700
净现金流量	−20	−500	−100	150	250	250	250	250	250	250	250
净现值	−20	−455	−83	113	171	155	141	128	117	106	96
累计净现值	−20	−475	−558	−445	−274	−119	22	150	267	373	469

4.3　互斥方案的经济效果评价与选择

在互斥方案类型中，经济效果评价包含了两部分内容：一是考查各个方案自身的经济效果，即进行绝对经济效果的检验；二是考察哪个方案相对最优，又称相对经济效果检验。通常两种检验缺一不可，它们共同构成了互斥方案评价的主要内容。互斥方案经济效果评价的特点是要进行方案比选，因此，参加比选的方案应具有可比性，如时间的可比性、计算期的可比性、收益费用的性质及计算范围的可比性、方案风险水平的可比性和评价所使用假定的合理性等。

多项目(方案)的经济评价第 1 讲(微课)

互斥方案评价使用的评价指标有净现值、净年值、费用现值、费用年值和内部收益率。下面根据方案寿命相等、不相等及无限三种情况分别讨论互斥方案的经济效果评价。

4.3.1　寿命相等的互斥方案经济效果评价与选择

1. 差额净现值法

用差额净现值评价互斥方案的步骤如下。

(1) 计算各方案的 NPV 值作为绝对经济效果，并加以检验(判断)。

(2) 计算各方案的相对效果，即差额净现值 ΔNPV 。

若 K、J 为投资额不等的两个互斥方案，在进行两个方案的差额时，通常用投资大的方案减去投资小的方案。两个方案的差额净现值 ΔNPV 可通过下式计算。

$$\begin{aligned}\Delta \mathrm{NPV}_{\mathrm{K-J}} &= \sum_{t=0}^{n}(C_t^{\mathrm{K}} - C_t^{\mathrm{J}})(1+i_c)^{-t} \\ &= \mathrm{NPV}_{\mathrm{K}} - \mathrm{NPV}_{\mathrm{J}}\end{aligned} \tag{4-19}$$

式中：C_t^{K} 、C_t^{J}——方案 K、J 净现金流量；

n——两个互斥方案的寿命期；

i_c——基准收益率；

$\mathrm{NPV_K}$——方案 K 的净现值；

$\mathrm{NPV_J}$——方案 J 的净现值。

(3) 根据绝对效果和相对效果的结果选择最优方案。

用差额净现值进行互斥方案比选时，若 $\Delta NPV_{K-J} \geqslant 0$，表明增量投资可以接受，投资(现值)大的方案经济效果好，即多投资的资金，可以通过 K 方案比 J 方案多得的净收益回收，并能取得既定的收益率(基准收益率)，K 方案优于 J 方案；若 $\Delta NPV_{K-J} < 0$，表明 K 方案比 J 方案多得的净收益与多投资的资金相比，达不到既定的收益率(基准收益率)，K 方案劣于 J 方案。

对于仅有或仅需计算费用现金流量的互斥方案，只需进行绝对经济效果评价，一般不进行增量分析，判断准则是：费用现值或费用年值最小者为最优方案。

【例 4-10】有四个可供选择的互斥方案，其现金流量及计算期如表 4-6 所示，若基准收益率为 10%，试用差额净现值法进行互斥方案的选择。

表 4-6　互斥方案的现金流量表

单位：万元

方　案	初始投资	年净收益	寿　命
A	200	22	30
B	275	35	30
C	190	20	30
D	350	42	30

【解】

(1) 求各个方案的净现值。

$NPV_A = -200 + 22(P/A,10\%,30) = 7.39$(万元)

$NPV_B = -275 + 35(P/A,10\%,30) = 54.94$(万元)

$NPV_C = -190 + 20(P/A,10\%,30) = -1.46$(万元)

$NPV_D = -350 + 42(P/A,10\%,30) = 45.93$(万元)

由于 A、B、D 三个方案的净现值大于 0，C 方案的净现值小于 0，根据方案可行的判别准则，A、B、D 方案可行，C 方案不可行。

(2) 根据 A、B、D 三个方案的比较结果确定最优方案。

$\Delta NPV_{B-A} = 54.94 - 7.39 = 47.55$(万元)

由于 $\Delta NPV_{B-A} > 0$，表明 B 方案相对 A 方案的追加投资合理，故 B 优于 A。

$\Delta NPV_{D-B} = 45.93 - 54.94 = -9.01$(万元)

由于 $\Delta NPV_{D-B} < 0$，表明 D 方案相对 B 方案的追加投资不合理，故 D 方案劣于 B 方案。

因此，通过以上对比分析，B 方案最优。

2. 差额投资内部收益率法

由内部收益率的含义可知，内部收益率最大准则选择最优方案是不可靠的，不能保证比选结论的正确性，这时需用差额投资内部收益率法。

差额投资内部收益率是两方案各年净现金流量差额的现值之和等于零时的折现率，或者是两方案净现值相等时的折现率，用符号ΔIRR 表示，其表达式为：

$$\sum_{t=0}^{n}\left[(CI-CO)_2-(CI-CO)_1\right]_t(1+\Delta IRR)^{-t}=0 \tag{4-20}$$

式中：$(CI-CO)_2$——投资大的方案年净现金流量；

$(CI-CO)_1$——投资小的方案年净现金流量；

ΔIRR——差额投资内部收益率。

其他符号意义同前。

用差额投资内部收益率比选方案的判别准则是：若$\Delta IRR>i_c$(基准收益率)，则投资(现值)大的方案为优；否则投资(现值)小的方案为优。当$\Delta IRR=i_c$时，两方案经济上等值，一般考虑选择投资大的方案。

对于三个(含三个)以上的方案进行比较时，一般首先将各个方案按投资额现值的大小从低到高进行排序，然后按差额投资内部收益率法比较投资现值最低和次低的两个方案，选出相对优方案，然后再与下一个(投资现值额第三的)方案进行比选。依此类推，直到最后一个保留的方案，即为最优方案。

【例 4-11】 A 与 B 两个投资方案各年的净现金流量如表 4-7 所示，试进行方案的评价选择，设i_c=10%。

表 4-7　A 与 B 两个方案的净现金流量表

单位：万元

计算期(年)	0	1～10
A 方案的净现金流量	−200	39
B 方案的净现金流量	−100	20

【解】

(1) 求各个方案的净现值。

$NPV_A=-200+39(P/A,10\%,10)=39.62$(万元)

$NPV_B=-100+20(P/A,10\%,10)=22.82$(万元)

两个方案的净现值均大于 0，故两个方案均可接受。

(2) 根据两个方案的比较结果确定最优方案。

$(-200+100)+(39-20)\times(P/A,\Delta IRR,10)=0$

$(P/A,\Delta IRR,10)=5.263\ 158$

借助复利系数表并得解$\Delta IRR=13.84\%$。

若$\Delta IRR>10\%$，投资大的 A 方案优于投资小的 B 方案。

需要指出的是，ΔIRR 只能反映增量现金流的经济性(相对经济效果)，不能反映各方案自身的经济性(绝对经济效果)，故差额内部收益率法只能用于方案间的比较(相对效果检验)，不能仅根据 ΔIRR 数值的大小判定方案的取舍。

差额内部收益率法也可用于仅有费用现金流的互斥方案比选。比选结论与费用现值法和费用年值法一致。在这种情况下，实际上是把增量投资所导致的对其他费用的节约看成是增量收益。当然，计算仅有费用现金流的互斥方案的差额内部收益率的方法不变。

3. 差额投资回收期法

差额投资回收期是指两个方案现金流量差额的动态投资回收期。通过计算两个互斥型方案现金流量差额的动态投资回收期判定方案的优劣。这种方法尤其适用于只有年经费成

本和期初投资额的互斥方案的比选。其步骤如下。

(1) 计算每个方案的投资回收期，淘汰投资回收期大于基准投资回收期的方案。

(2) 把保留下来的方案按投资额由小到大的顺序排列，用投资大的方案减去投资小的方案，并依次计算各对比方案间的差额投资回收期 ΔP_D，若 ΔP_D ≤基准动态投资回收期 P_b，应保留投资较大的方案。否则保留投资较小的方案。

(3) 将第二步保留下来的方案与下一个方案进行比较，再计算 ΔP_D，依此类推。最后一个保留下的方案即为最优方案。

【例 4-12】某企业拟建一生产线，有两种方案，A 方案的总投资额为 1 200 万元，估计每年的净收益为 300 万元；B 方案的总投资额为 1 800 万元，每年的净收益为 400 万元。试用差额动态投资回收期法确定最优方案，基准折现率为 6%，基准投资回收期 P_b=8 年。

【解】

(1) 计算两个方案的动态投资回收期。

A 方案：

$-1200+300(P/A,6\%,P_{DA})=0$

$(P/A,6\%,P_{DA})=4$

借助复利系数表通过线性内插求得

$P_{DA}=4.72$(年)

B 方案：

$-1\,800+400(P/A,6\%,P_{DB})=0$

$(P/A,6\%,P_{DB})=4.5$

借助复利系数表通过线性内插法求得

$P_{DB}=5.41$(年)

由上可知，A、B 两个方案的动态投资回收期均小于 7 年，故两个方案均可接受。

(2) 将两个方案进行比较并确定相对最优方案。

计算差额动态投资回收期为：

$(-1\,800+1\,200)+(400-300)[P/A,6\%,P_{D(B-A)}]=0$

$[P/A,6\%,P_{D(B-A)}]=6$

借助复利系数表通过线性内插法求得

$P_{D(B-A)}=7.67(年)<8(年)$

投资大的 B 方案优于投资小的 A 方案，故选择 B 方案。

4.3.2　寿命不等的互斥方案经济效果评价与选择

多项目(方案)的经济评价第 2 讲(微课)

对寿命期不同的方案进行比较时，也要进行各方案自身经济性的检验和方案间的相对经济性检验(对于仅有费用现金流的互斥方案只进行相对效果检验)。但是，寿命期不等的互斥方案，不能简单地采用评价指标直接对方案进行评价及选择。由于方案的使用寿命不同，评价指标在时间上没有比较基础，不具备可比性。因此，方案的评价必须在相等的时间段内比较它们的费用和收益才有意义。

寿命不等的互斥方案的经济效果评价主要有净年值法和净现值法。

1. 净年值法

净年值法是在对寿命期不相等的互斥方案进行比选时最为简便的方法，即分别计算各方案的净年值，净年值≥0，且净年值最大者为最优。其具体表达式为：

$$NAV_J = NPV_J(A/P,i_c,n) = \left[\sum_{t=0}^{n_J}(CI_J - CO_J)_t(1+i_c)^{-t}\right](A/P,i_c,n_J) \tag{4-21}$$

式中：NAV_J——第 J 个方案的净年值；

J——第 J 个方案，$J=1,2,\cdots,m$；

n_J——第 J 个方案的寿命期。

其他符号意义同前。

【例 4-13】 两方案 A、B 的寿命分别为 5 年和 3 年。A 方案期初投资 300 万元，每年净收益为 96 万元；B 方案期初投资 100 万元，年均净收益为 42 万元，基准收益率为 12%。选择最佳方案。

【解】

方案 A 的净现值为

$NAV_A = NPV_A\ (P/A,12\%,5) = 12.78 \times 2.402=30.70$(元)

方案 B 的净现值为

$NAV_B= NPV_B\ (P/A,12\%,3) =0.365 \times 2.402 =0.88$(元)

$NAV_A>NPV_B >0$，故应选方案 A。

2. 净现值法

由于寿命不等，各方案在各自寿命期间的净现值在时间上不具有可比性。如果需要采用净现值法或费用现值法，则需要对各个比较方案的计算期作适当处理，即设定一个共同的分析期，使得方案的比较有一个共同的时间基础，然后再进行比较。

互斥方案分析期的确定通常有以下几种方法。

(1) 最小公倍数法。取各个方案的计算期的最小公倍数作为比较方案的共同计算期。这一方法是假定凡是计算期小于最小公倍数的方案，在共同计算期内重复实现。故该法亦称方案重复法。

(2) 分析期截止。根据对未来市场状况和技术发展前景的预测直接选取一个合适的分析期，假定寿命期小于此分析期的方案重复实施，并对各方案在分析期末的资产余值进行估价，到分析期结束时回收资产余值。在备选方案寿命期比较接近的情况下，一般取诸方案中最短的方案寿命期作为共同分析期。

【例 4-14】 引用例 4-13 的资料，以最小公倍数法利用净现值进行方案选择。

【解】

(1) 确定计算期。

两个方案的寿命期分别为 5 年、3 年，最小公倍数为 15，故选定计算期为 15 年。

(2) 绘制两个方案的现金流量图，如图 4-5 所示。

凡是寿命期小于 15 年的方案，按照在其寿命期内重复实施。两个方案的现金流量图如图 4-5 所示。

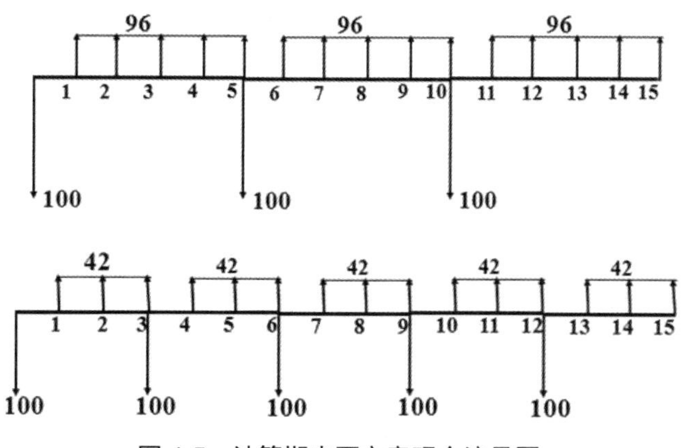

图 4-5 计算期内两方案现金流量图

(3) 计算期内两个方案的净现值计算。

方案 A 的净现值为

$$NPV_A=-300-300\,(P/F,12\%,5)-300\,(P/F,12\%,10)+96\,(P/A,12\%,15)$$
$$=12.78\,(P/A,12\%,15)$$
$$=12.78\times 6.194=79.16(元)$$

方案 B 的净现值为

$$NPV_B=-100-100\,(P/F,12\%,3)-100\,(P/F,12\%,6)-100\,(P/F,12\%,9)-100(P/F,12\%,12)$$
$$+42(P/A,12\%,15)$$
$$=0.365\times(P/A,12\%,15)$$
$$=0.365\times 6.194=2.261(元)$$

因为 $NPV_A>NPV_B>0$，所以应选方案 A。与净年值方法的结论相同。

需要再次说明的是，当互斥方案的投资额不同且相差较大时，应用差额净现值法或前面介绍的其他方法进行评价，并综合考虑项目的实际背景和投资资金的应用要求后，再对方案进行评价和决策。

4.3.3 无限寿命的互斥方案的经济效果评价与选择

在实践中，经常会遇到具有很长服务期(寿命大于 50 年)的工程方案，例如桥梁、铁路、公路、涵洞、水库、机场等。一般而言，经济分析对遥远未来的现金流量是不敏感的，例如，当 i=6%时，30 年后的 1 元现值为 0.174，50 年后的现值仅为 0.141 元。对于服务寿命期很长的工程方案，可以近似地当作具有无限服务寿命期来处理。

按无限期计算现值，其公式可简化为：

$$P=\frac{A}{i} \tag{4-22}$$

因为由等额序列现值公式

$$P=A\left[\frac{(1+i)^n-1}{i(1+i)^n}\right]=A(P/A,i,n)$$

当n趋近于无穷大时，有

$$P = A\lim_{n\to\infty}\left[\frac{(1+i)^n-1}{i(1+i)^n}\right] = A\lim_{n\to\infty}\left[\frac{1}{i}-\frac{1}{i(1+i)^n}\right] = \frac{A}{i}$$

式中各符号意义同前。

在这种情形下，现值一般被称为“资金成本或资本化成本”。资本化成本的含义是指与一笔永久发生的年金等值的现值。资本化成本从经济意义上可以理解为一项生产资金需要现在全部投入并以某种投资效果系数获利，以便取得一笔费用来维持投资项目的持久性服务。这时只消耗创造的资金，而无须消耗最初投放的生产资金，因此该项生产资金在下一周期内可以继续获得同样的利润，用以维持所需的费用，如此不断循环下去。

对无限期互斥方案进行净现值比较的判断准则为：净现值大于或等于零且净现值最大的方案是最优方案。

对于仅有或仅需计算费用现金流量的互斥方案，可以对照净现值法，用费用现值法进行比选。判断准则是：费用现值最小的方案为优。

显然，也可以用净年值法，这时无限寿命的净年值计算公式为：

$$\text{NAV} = P\times i \tag{4-23}$$

判断准则为：NAV≥0 且净年值最大的方案是最优方案。

【例 4-15】 某市供水有两套方案，一是建水库为长期供水来源，需投资 800 万元，每年供水的经营费为 2.5 万元；另一方案是打 10 口井，每口仅需投资 10 万元，经营费用为 0.5 万元，寿命为 5 年。若期望收益率为 5%，应选择哪个方案？

【解】

(1) 绘制两个方案的现金流量图，如图 4-6 所示。

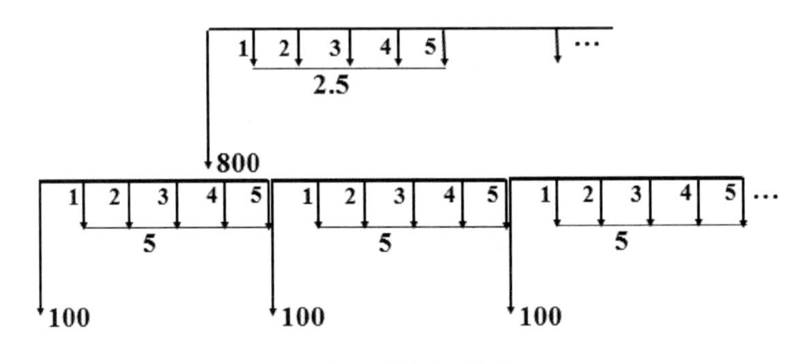

图 4-6　现金流量图

(2) 费用现值法比选。

$PC_{Ⅰ}$=800+2.5(P/A, 5%,∞)= 800+2.5/5%=850(万元)

$PC_{Ⅱ}$=[100(P/A, 5%,5)+5] (P/A,15%,∞)=[100×0.231+5]/5%=562(万元)

因为 $PC_{Ⅰ}$>$PC_{Ⅱ}$，故方案Ⅱ，即打井方案为最优方案。

(3) 费用年值法比选。

$AC_{Ⅰ}$=800 (A/P, 5%,∞)+2.5= 800×5% +2.5=42.5(万元)

$AC_{Ⅱ}$=100(A/P, 5%,5)+5 =100×0.231+5=28.1(万元)

因为 $AC_{Ⅰ}$>$AC_{Ⅱ}$，故方案Ⅱ，即打井方案为最优方案。

4.4　独立方案的经济效果评价

独立方案，即当资金充裕不受约束时，无论是单个方案还是多个方案，其采用与否，只取决于方案自身的经济性，即只需检验它们是否能够通过净现值、净年值、内部收益率或动态投资回收期指标的评价标准，即进行绝对经济效果的检验，凡通过绝对经济效果检验的方案应予以接受，否则应予以拒绝。当资金有限时，要以资金为制约条件，来选择最佳的方案组合。这类问题的处理是先把不超过资金限额的所有可行组合方案排列出来，使得各方案之间是互斥的，然后按照互斥方案的选择方法选出最佳的方案组合。

【例 4-16】 现有三个独立方案 A、B、C，寿命期均为 10 年，其初始投资及每年收益如表 4-8 所示，当基准收益率为 8%时，求：

(1) 当资金无限额时，试判断各方案的经济可行性；

(2) 当资金限额为 450 万元，应如何选择方案？

表 4-8　各方案的净现金流量表

单位：万元

方　案	初始投资	年 收 入	年 支 出	年净收入
A	100	50	27	23
B	300	90	32	58
C	250	80	31	49

【解】

(1) 由于 A、B、C 三个方案为独立型方案，故只要在经济上可行均可接受，无须对各方案进行比较。下面用净现值指标评价。

$NPV_A=-100+23(P/A,8\%,10)=54.33$(万元)>0

$NPV_B=-300+58(P/A,8\%,10)=89.12$(万元)>0

$NPV_C=-250+49(P/A,8\%,10)=78.49$(万元)>0

由于 NPV_A、NPV_B、NPV_C 均大于 0，故三个方案在经济上均可行。

(2) 方案如表 4-9 所示。

表 4-9　满足资金限额要求的方案组合净现金流量表

单位：万元

序号	1	2	3	4	5	6
方案组合	0	A	B	C	A+B	A+C
初始投资	0	100	300	250	400	350
年净收益	0	23	58	49	81	72

(3) 用净现值选择方案。

各方案的净现值计算结果如下：

$NPV_1=0$，$NPV_2=54.33$，$NPV_3=89.12$，$NPV_4=78.49$，$NPV_5=143.45$，$NPV_6=132.82$。从中可以看出，第 5 个方案的净现值最大，因此可以选择 A、B 两个方案。

思考与练习

一、单项选择题

1. 静态经济效果评价指标包括(　　)。

A. 净现值　B. 内部收益率　C. 财务净现值率　D. 投资收益率

2. 当项目的净现值小于 0 时，说明(　　)。

A. 项目在经济上不可行　B. 项目在技术上不可行

C. 项目在经济上可行　D. 项目在技术上可行

3. 某投资方案的基准收益率为 10%，内部收益率为 12%，则(　　)。

A. 无法判断方案是否可行　B. 该方案净现值小于 0

C. 该方案不可行　D. 该方案可行

4. 寿命期不等的互斥方案进行比较时，最简单的方法是计算方案的(　　)。

A. 动态投资回收期　B. 净现值

C. 年值　D. 费用现值

5. 某投资方案，当基准收益率为 8%时，净现值为 200 万元，当基准收益率为 9%时，该项目的净现值(　　)。

A. 大于 200 万元　B. 小于 200 万元　C. 等于 200 万元　D. 不确定

6. 差额投资内部收益率小于基准收益率，则说明(　　)。

A. 投资大的方案不可行　B. 投资小的方案不可行

C. 投资大的方案较优　D. 投资小的方案较优

7. 通过静态投资回收期与下列哪项指标的比较，可判断方案是否可行。(　　)

A. 基准投资回收期　B. 项目寿命期

C. 项目建设期　D. 动态投资回收期

8. 某方案具有常规现金流量，经计算 NPV(17%)=230，NPV(18%)=−78，则其内部收益率为(　　)。

A. 17.3%　B. 17.5%　C. 17.7%　D. 17.9%

9. 在一定生产规模限度内，产品成本随着产品产量的增减而成正比例地增减的费用为(　　)。

A. 可变成本　B. 固定成本　C. 半可变成本　D. 经营成本

二、简答题

1. 什么是互斥(互不相容)型方案？什么是独立型方案？

2 静态评价指标包括哪些？动态评价指标包括哪些？

3. 简述经济效果评价的基本内容。

三、计算题

1. 某项目初始投资为 1 000 万元，第一年年末现金流入为 250 万元，第二年年末现金流入为 300 万元，第三、四年年末现金流入均为 400 万元，若基准收益率为 10%，计算该项目的净现值、净年值、净现值率。

2. 有三个互斥型方案，寿命期均为 8 年，基准收益率 i_c=9%，各方案的初始投资和年净收益如表 4-10 所示。试分别用差额净现值及差额内部收益率法在三个方案中选择最优方案。

表 4-10　投资方案的现金流量表

单位：万元

方案	A	B	C
初始投资	50	60	70
年净收益	10	12	20

3. 有三个不相关(相互独立)的方案 A、B、C，各方案的投资、年净收益和寿命期如表 4-11 所示。经计算可知，各方案的内部收益率 IRR 均大于基准收益率 15%。已知总投资限额为 30 000 元，问应当怎样选择方案。

表 4-11　A、B、C 方案的有关数据表

单位：万元

方　案	投　资	年净收益	寿命期/年
A	12 000	4 300	5
B	10 000	4 200	5
C	19 000	6 000	8

4. 某厂为降低成本，现考虑三个相互排斥的方案，三个方案的寿命期均为 10 年，各方案的初始投资和成本节约金额如表 4-12 所示。试在折现率为 10%的条件下选择经济上最有利的方案。

表 4-12　初始投资和年成本节约额

单位：万元

方案	A	B	C
初始投资	45	55	70
年成本节约额	13	16	17

模块 5　建设项目的不确定性分析

学习目标		(1)掌握不确定性分析的方法和指标的计算。 (2)掌握不确定性分析中盈亏平衡分析的基本原理和敏感性分析的计算。 (3)熟悉产生不确定性和风险的原因。 (4)了解概率分析的方法。
重点和难点	重点	(1)线性盈亏平衡分析与互斥方案的盈亏平衡分析的计算。 (2)单因素敏感性分析与多因素敏感性分析的计算。 (3)概率分析方法的运用。
	难点	敏感性分析与概率分析的计算方法。
思政目标		(1)培养学生严谨务实、精益求精的工作作风和精神品质。 (2)建设项目技术方案存在不确定性，人生路也存在坎坷与风险，增强学生对不确定性和风险的意识，并培养逻辑思辨能力，着重培养学生迎难而上、开拓进取的精神。

5.1　不确定性分析概述

不确定性是与确定性相对的概念，不确定性分析是技术方案经济效果评价中的一个重要内容。因为决策的主要依据之一就是技术方案经济效果评价，而技术方案经济效果评价都是以一些确定的数据和参数为基础，如技术方案总投资、建设期、年销售收入、年经营成本、年利率和设备残值等数据或参数，认为这些都是已知的、确定的，即使是对某个数据或参数所作的估计或预测，也认为是可靠、有效的。但事实上，对技术方案经济效果的评价通常都是对技术方案未来经济效果的计算，一个拟实施技术方案的所有未来结果都是未知的。因为计算中所使用的数据和参数大都是建立在分析人员对未来各种情况所作的预测与判断基础之上的，因此，不论用什么方法预测或估计，都会包含有许多不确定性因素，可以说不确定性是所有技术方案固有的内在特性。只是对于不同的技术方案来说，这种不确定性的程度有大有小，为了尽量避免决策失误，我们需要了解各种内外部条件发生变化时对技术方案经济效果的影响程度，以及技术方案对各种内外部条件变化的承受能力。

不确定性不同于风险。风险是指不利事件发生的可能性，其中不利事件发生的概率是

可以计量的；而不确定性是指人们在事先只知道所采取行动带来的所有可能的后果，而不知道它们出现的可能性，或者两者均不知道，只能对两者作出一些粗略的估计，因此不确定性是难以计量的。

不确定性分析是指研究和分析当影响技术方案经济效果的各项主要因素发生变化时，拟实施技术方案的经济效果会发生什么样的变化，以便为正确决策服务的一项工作。不确定性分析是技术方案经济效果评价中的一项重要工作，在拟实施技术方案未作出最终决策之前，均应进行技术方案不确定性分析。

5.1.1 不确定性因素产生的原因

一般情况下，不确定性因素产生的主要原因有以下几点。

(1) 所依据的基本数据不足或者统计偏差。这是指由原始统计上的误差、统计样本点的不足、公式或模型的套用不合理等所造成的误差。比如，技术方案建设投资和流动资金是技术方案经济效果评价中重要的基础数据，但在实际中，往往会由于各种原因而高估或低估了它的数额，从而影响了技术方案经济效果评价的结果。

(2) 预测方法的局限，使预测的假设不准确。

(3) 未来经济形势的变化。由于通货膨胀的存在，物价会产生波动，从而影响技术方案经济效果评价中所用的价格，进而导致诸如年营业收入、年经营成本等数据与实际值发生偏差。同样，市场供求结构的变化，会影响产品的市场供求状况，进而对某些指标值产生影响。

(4) 技术进步。技术进步会引起产品和工艺的更新替代，这样根据原有技术条件和生产水平所估计出的年营业收入、年经营成本等数据，就会与实际值发生偏差。

(5) 无法以定量来表示的定性因素的影响。

(6) 其他外部影响因素，如政府政策的变化、新的法律法规的颁布、国际政治经济形势的变化等，均会对技术方案的经济效果产生一定的甚至是难以预料的影响。在评价中，想全面分析这些因素的变化对技术方案经济效果的影响是十分困难的，因此在实际工作中，我们往往要着重分析和把握那些对技术方案影响大的关键因素，以期取得较好的评价效果。

5.1.2 不确定性分析的内容

由于种种原因，技术方案经济效果计算和评价所使用的计算参数与数据，诸如投资、产量、价格、成本、利率、汇率、收益、建设期限、经济寿命等，总是不可避免地带有一定程度的不确定性。不确定性的直接后果是使技术方案经济效果的实际值与评价值相偏离，从而给决策者带来风险。假定某技术方案的基准收益率 i 为 8%，根据技术方案基础数据求出的技术方案财务内部收益率为 10%，由于内部收益率大于基准收益率，因此根据方案评价准则自然认为技术方案是可行的。但如果凭此就作出决策则是不够的，因为我们还没有考虑到不确定性问题，如在技术方案实施过程中存在的投资超支、建设工期拖长、生产能力达不到设计要求、原材料价格上涨、劳务费用增加、产品售价波动、市场需求量变化、贷款利率变动等问题，都可能使技术方案达不到预期的经济效果，进而导致财务内部收益率下降，甚至发生亏损。当内部收益率下降多于 2%时，技术方案就变得不可行，产生风险。

如果不对这些不确定性问题进行分析，仅凭一些基础数据所作的确定性分析来取舍技术方案，很有可能会导致决策的失误。因此，为了有效地减少不确定性因素对技术方案经济效果的影响，提高技术方案的风险防范能力，进而提高技术方案决策的科学性和可靠性，除对技术方案进行确定性分析以外，还有必要对技术方案进行不确定性分析。为此，应根据拟实施技术方案的具体情况，分析各种内外部条件发生变化或者测算数据误差对技术方案经济效果的影响程度，以估计技术方案可能承担不确定性的风险及其承受能力，从而确定技术方案在经济上的可靠性，并采取相应的对策，力争把风险降低到最小限度。这种对影响方案经济效果的不确定性因素进行的分析就是不确定性分析。

5.1.3　不确定性分析的方法

常用的不确定性分析方法有盈亏平衡分析和敏感性分析。

1. 盈亏平衡分析

盈亏平衡分析也称量本利分析，就是将技术方案投产后的产销量作为不确定因素，通过计算技术方案的盈亏平衡点的产销量，据此分析判断不确定性因素对技术方案经济效果的影响程度，说明技术方案实施的风险大小及技术方案承担风险的能力，为决策提供科学依据。根据生产成本及销售收入与产销量之间是否呈线性关系，盈亏平衡分析又可进一步分为线性盈亏平衡分析和非线性盈亏平衡分析。通常只要求线性盈亏平衡分析。

2. 敏感性分析

敏感性分析是在分析各种不确定性因素发生增减变化时，对技术方案经济效果评价指标的影响，并计算敏感度系数和临界点，找出敏感因素。在具体应用时，要综合考虑技术方案的类型、特点、决策者的要求，相应的人力、财力，以及技术方案对经济的影响程度等来选择具体的分析方法。

5.2　盈亏平衡分析

5.2.1　基本的损益方程式

盈亏平衡分析(微课)

1. 总成本与固定成本、可变成本

根据成本费用与产量(或工程量)的关系可以将技术方案总成本费用分解为固定成本、可变成本和半可变(或半固定)成本。

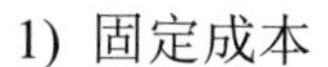

1) 固定成本

固定成本是指在技术方案一定的产量范围内不受产品产量影响的成本，即不随产品产量的增减发生变化的各项成本费用，如工资及福利费(计件工资除外)、折旧费、修理费、无形资产及其他资产摊销费、其他费用等。

2) 可变成本

可变成本是随技术方案产品产量的增减而成正比例变化的各项成本，如原材料、燃料、动力费、包装费和计件工资等。

3) 半可变(或半固定)成本

半可变(或半固定)成本是指介于固定成本和可变成本之间，随技术方案产量增长而增长，但不成正比例变化的成本，如与生产批量有关的某些消耗性材料费、工模具费及运输费等，这部分可变成本随产量变动一般呈阶梯形曲线。由于半可变(或半固定)成本通常在总成本中所占比例很小，在技术方案经济效果分析中，为便于计算和分析，可以根据行业特点情况将产品半可变(或半固定)成本进一步分解成固定成本和可变成本。长期借款利息应视为固定成本；流动资金借款和短期借款利息可能部分与产品产量相关，其利息可视为半可变(或半固定)成本，为简化计算，一般也将其作为固定成本。

综上所述，技术方案总成本是固定成本与可变成本之和，它与产品产量的关系也可以近似地认为是线性关系，即

$$C = C_F + C_U Q \tag{5-1}$$

式中：C——总成本；

C_F——固定成本；

C_U——单位产品变动成本；

Q——产量(或工程量)。

2. 销售收入与营业中税金及附加

1) 销售收入

技术方案的销售收入与产品销量的关系有以下两种情况。

(1) 该技术方案的生产销售活动不会明显地影响市场供求状况，假定其他市场条件不变，产品销售价格不会随该技术方案销量的变化而变化，因此可以将其看作一个常数，销售收入与销量呈线性关系。

(2) 该技术方案的生产销售活动将明显地影响市场供求状况，随着该技术方案产品销量的增加，产品销售价格有所下降，这时销售收入与销量之间不再是线性关系。为简化计算，仅考虑销售收入与销量呈线性关系这种情况。

2) 营业中税金及附加

由于单位产品的营业中税金及附加是随产品的销售单价变化而变化的，为便于分析，故将销售收入与营业中税金及附加合并考虑。

经简化后，技术方案的销售收入是销量的线性函数，即

$$S = p \times Q - T_U \times Q \tag{5-2}$$

式中：S——销售收入；

p——单位产品售价；

T_U——单位产品营业中税金及附加(当投入产出都按不含税价格时，T_U不包括增值税)；

Q——销量。

3. 量本利模型

1) 量本利模型概述

企业的经营活动，通常以生产数量为起点，以利润为目标。在一定期间把成本总额分解简化成固定成本和变动成本两部分后，再同时考虑收入和利润，使成本、产销量和利润

的关系统一于一个数学模型。这个数学模型的表达形式为：

$$B = S - C \tag{5-3}$$

式中：B——利润。

为简化数学模型，故对线性盈亏平衡分析作出如下假设。

(1) 生产量等于销售量，即当年生产的产品(或提供的服务，下同)扣除自用量，当年完全销售出去。

(2) 产销量变化，单位可变成本不变，总成本费用是产销量的线性函数。

(3) 产销量变化，销售单价不变，销售收入是产销量的线性函数。

(4) 只生产单一产品，或者生产多种产品，但可以换算为单一产品计算，不同产品的生产负荷率的变化应保持一致。

根据上述假设，将式(5-1)、式(5-2)代入式(5-3)，可得：

$$B = p \times Q - C_U \times Q - C_F - T_U \times F \tag{5-4}$$

式中：Q——产销量(即生产量等于销售量)。

式(5-4)明确表达了量本利之间的数量关系，是基本的损益方程式。它包括相互联系的 6 个变量，给定其中 5 个，便可求出第 6 个变量的值。

2) 基本的量本利图

将式(5-4)的关系反映在直角坐标系中，即为基本的量本利图，如图 5-1 所示。

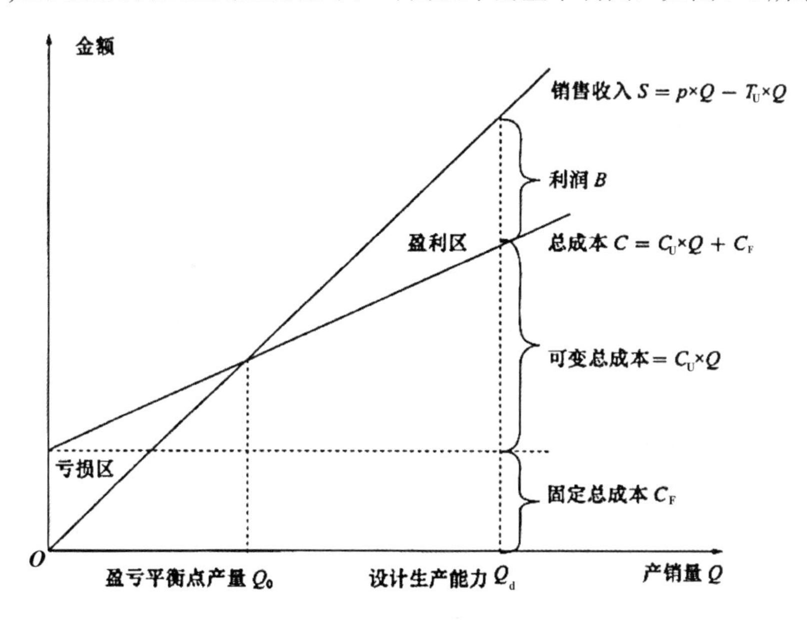

图 5-1　基本的量本利图

图 5-1 中的横坐标为产销量，纵坐标为金额(成本和销售收入)。假定在一定时期内，产品价格不变时，销售收入 S 随产销量的增加而增加，呈线性函数关系，在图形上就是以 O 为起点的斜线。产品总成本 C 是固定总成本和变动总成本之和，当单位产品的变动成本不变时，总成本也呈线性变化。

5.2.2 线性盈亏平衡分析

从图 5-1 可知，销售收入线与总成本线的交点就是技术方案盈利与亏损的转折点，这个转折点被称为盈亏平衡点(BEP)，也叫保本点。表明技术方案在此产销量下总收入与总成本相等，既没有利润，也不发生亏损。在此基础上，增加产销量，销售收入超过总成本，收入线与成本线之间的距离为利润值，形成盈利区；反之，形成亏损区。这种表达量本利相互关系的图示也称盈亏平衡分析图，该图不仅形象直观，一目了然，而且容易理解。

盈亏平衡分析是通过计算技术方案达产年盈亏平衡点(BEP)，分析技术方案成本与收入的平衡关系，判断技术方案对不确定性因素导致产销量变化的适应能力和抗风险能力。技术方案盈亏平衡点的表达形式有多种：可以用绝对值表示，如以实物产销量、单位产品售价、单位产品的可变成本、年固定总成本以及年销售收入等表示的盈亏平衡点；也可以用相对值表示，如以生产能力利用率表示的盈亏平衡点。其中，以产销量和生产能力利用率表示的盈亏平衡点应用最为广泛，其分析结果表示技术方案经营的安全程度。盈亏平衡点一般采用公式计算，也可利用盈亏平衡分析图求得。

1. 产销量(工程量)盈亏平衡分析的方法

从图 5-1 可见，当企业在小于 Q_0 的产销量下组织生产，技术方案亏损；在大于 Q_0 的产销量下组织生产，则技术方案盈利。显然产销量 Q_0 是盈亏平衡点的一个重要表达。就单一产品技术方案来说，盈亏临界点的计算并不困难，一般是从销售收入等于总成本费用即盈亏平衡方程式中导出。

由式(5-4)中利润 B=0，即可导出以产销量表示的盈亏平衡点 BEP(Q)，其计算式如下：

$$\mathrm{BEP}(Q)=\frac{C_{\mathrm{F}}}{p-C_{\mathrm{U}}-T_{\mathrm{U}}} \tag{5-5}$$

式中：BEP(Q)——盈亏平衡点时的产销量。

【例 5-1】某技术方案年设计生产能力为 10 万台，年固定成本为 1 200 万元，产品单台销售价格为 900 元，单台产品可变成本为 560 元，单台产品营业中税金及附加为 120 元。试求盈亏平衡点的产销量。

【解】 根据式(5-5)可得：

$$\mathrm{BEP}(Q)=\frac{12\,000\,000}{900-560-120}\approx 54\,545(\text{台})$$

计算结果表明，当技术方案产销量低于 54 545 台时，技术方案亏损；当技术方案产销量大于 54 545 台时，技术方案盈利。

2. 生产能力利用率盈亏平衡分析的方法

生产能力利用率表示的盈亏平衡点 BEP(%)，是指盈亏平衡点产销量占技术方案正常产销量的比重。所谓正常产销量，就是指正常市场和正常开工情况下，技术方案的产销数量。在技术方案评价中，一般用设计生产能力来表示正常产销量。

$$\mathrm{BEP}(\%)=\frac{\mathrm{BEP}(Q)}{Q_{\mathrm{d}}}\times 100\% \tag{5-6}$$

式中：Q_{d}——正常产销量或技术方案设计生产能力。

进行技术方案评价时，生产能力利用率表示的盈亏平衡点常常根据正常年份的产品产销量、变动成本、固定成本、产品价格和营业中税金及附加等数据来计算。即

$$BEP(\%)=\frac{C_F}{S_n-C_v-T}\times 100\% \tag{5-7}$$

式中：BEP(%)——盈亏平衡点时的生产能力利用率；

S_n——年营业收入；

C_v——年可变成本；

T——年营业中税金及附加。

根据式(5-6)可得：

$$BEP(Q)=BEQ(\%)\times Q_d \tag{5-8}$$

式(5-5)与式(5-7)是可以相互换算的，即产销量(工程量)表示的盈亏平衡点等于生产能力利用率表示的盈亏平衡点乘以设计生产能力。

【例 5-2】数据同例 5-1，试计算生产能力利用率表示的盈亏平衡点。

【解】 根据式(5-7)可得：

$$BEP(\%)=\frac{1\,200}{(900-560-120)\times 10}\times 100\%\approx 54.55\%$$

计算结果表明，当技术方案生产能力利用率低于 54.55%时，技术方案亏损；当技术方案生产能力利用率大于 54.55%时，则技术方案盈利。

【例 5-3】某公司生产某种结构件，设计年产销量为 3 万件，每件的售价为 300 元，单位产品的可变成本为 120 元，单位产品营业中税金及附加为 40 元，年固定成本为 280 万元。

问题：(1) 该公司不亏不盈时的最低年产销量是多少？

(2) 达到设计能力时盈利是多少？

(3) 年利润为 100 万元时的年产销量是多少？

【解】 (1) 计算该公司不亏不盈时的最低年产销量。

根据式(5-5)可得：

$$BEP(Q)=\frac{2\,800\,000}{300-120-40}=20\,000(\text{台})$$

计算结果表明，当公司生产结构件产销量低于 20 000 件时，公司亏损；当公司产销量大于 20 000 件时，则公司盈利。

(2) 计算达到设计能力时的盈利。

根据式(5-4)可得该公司的利润：

$$\begin{aligned}B&=p\times Q-C_U\times Q-C_F-T_U\times F\\&=300\times 3-120\times 3-280-40\times 3\\&=140(\text{万元})\end{aligned}$$

(3) 计算年利润为 100 万元时的年产销量。

同样，根据式(5-4)可得：

$$Q=\frac{B+C_F}{p-C_U-T_U}=\frac{1\,000\,000+2\,800\,000}{300-120-40}\approx 27\,143(\text{件})$$

对技术方案运用盈亏平衡点分析时应注意以下几点。

(1) 盈亏平衡点要按技术方案投产达到设计生产能力后正常年份的产销量、变动成本、固定成本、产品价格、营业中税金及附加等数据来计算，而不能按计算期内的平均值计算。正常年份一般选择还款期间的第一个达产年和还款后的年份分别计算，以便分别给出最高和最低的盈亏平衡点区间范围。

(2) 以上公式中的收入和成本均为不含增值税销项税和进项税的价格(简称不含税价格)。如采用含税价格，BEP(Q)公式的分母中应再减去单位产品增值税，BEP(%)公式的分母中应再减去年增值税。

(3) 盈亏平衡点反映了技术方案对市场变化的适应能力和抗风险能力。从图 5-1 中可以看到，盈亏平衡点越低，达到此点的盈亏平衡产销量就越少，技术方案投产后盈利的可能性越大，适应市场变化的能力越强，抗风险能力也越强。一般用生产能力利用率的计算结果表示技术方案运营的安全程度。根据经验，若 BEP(%)≤70%，则技术方案的运营是安全的，或者说技术方案可以承受较大的风险。盈亏平衡分析虽然能够从市场适应性方面说明技术方案风险的大小，但并不能揭示产生技术方案风险的根源。因此，还需采用其他方法来帮助达到这个目标。

5.2.3　非线性盈亏平衡分析

在实际生产经营过程中，产品的销售收入与销售量之间、成本费用与产量之间并不一定会呈现出线性的关系。

例如，当项目产品的产量在市场中占有较大的份额时，其产量的高低可能会明显影响该产品的市场供求关系，从而使得生产发生变化。

根据边际报酬递减规律，变动成本随着生产规模的不同而与产量呈非线性关系，在生产中还有一些辅助性的生产费用，如半可变成本随着产量的变化呈梯形分布。由于这些原因，造成产品的销售收入和总成本与产量之间存在着非线性的关系，在这种情况下进行的盈亏平衡分析被称为非线性盈亏平衡分析。

5.3　敏感性分析

5.3.1　敏感性分析的内容

敏感分析(微课)

在技术方案经济效果评价中，各类因素的变化对经济指标的影响程度是不相同的。有些因素可能仅发生较小幅度的变化就能引起经济效果评价指标发生大的变动；而另一些因素即使发生了较大幅度的变化，对经济效果评价指标的影响也不是很大。我们将前一类因素称为敏感性因素，后一类因素称为非敏感性因素。决策者必须把握敏感性因素来分析方案的风险大小。

技术方案评价中的敏感性分析，就是在技术方案确定性分析的基础上，通过进一步分析、预测技术方案主要不确定因素的变化对技术方案经济效果评价指标(如财务内部收益率、财务净现值等)的影响，从中找出敏感因素，确定评价指标对该因素的敏感程度和技术方案对其变化的承受能力。敏感性分析有单因素敏感性分析和多因素敏感性分析两种。

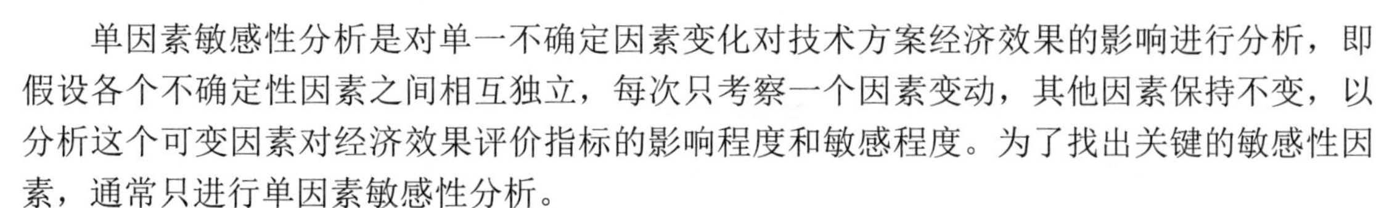

单因素敏感性分析是对单一不确定因素变化对技术方案经济效果的影响进行分析，即假设各个不确定性因素之间相互独立，每次只考察一个因素变动，其他因素保持不变，以分析这个可变因素对经济效果评价指标的影响程度和敏感程度。为了找出关键的敏感性因素，通常只进行单因素敏感性分析。

多因素敏感性分析是假设两个或两个以上互相独立的不确定因素同时变化时，分析这些变化的因素对经济效果评价指标的影响程度和敏感程度。

5.3.2 单因素敏感性分析

单因素敏感性分析一般按以下步骤进行。

1. 确定分析指标

技术方案评价的各种经济效果指标，如财务净现值、财务内部收益率、静态投资回收期等，都可以作为敏感性分析的指标。

分析指标的确定与进行分析的目标和任务有关，一般是根据技术方案的特点、实际需求情况和指标的重要程度来选择。

如果主要分析技术方案状态和参数变化对技术方案投资回收快慢的影响，则可选用静态投资回收期作为分析指标；如果主要分析产品价格波动对技术方案超额净收益的影响，则可选用财务净现值作为分析指标；如果主要分析投资大小对技术方案资金回收能力的影响，则可选用财务内部收益率作为分析指标。

由于敏感性分析是在确定性经济效果分析的基础上进行的，因此一般而言，敏感性分析的指标应与确定性经济效果评价指标一致，不应超出确定性经济效果评价指标范围而另立新的分析指标。当确定性经济效果评价指标比较多时，敏感性分析可以围绕其中一个或若干个最重要的指标进行。

2. 选择需要分析的不确定性因素

影响技术方案经济效果评价指标的不确定性因素很多，但事实上没有必要对所有的不确定因素都进行敏感性分析，而只需选择一些主要的影响因素。在选择需要分析的不确定性因素时主要考虑以下两个原则：第一，预计这些因素在其可能变动的范围内对经济效果评价指标的影响较大；第二，在确定性经济效果分析中对该因素数据的准确性把握不大。

选定不确定性因素时应当把这两条原则结合起来进行。对于一般技术方案来说，通常从以下几方面选择敏感性分析中的影响因素。

(1) 从收益方面来看，主要包括产销量与销售价格、汇率。许多产品，其生产和销售受国内外市场供求关系变化的影响较大，市场供求难以预测，价格波动也较大，而这种变化不是技术方案本身所能控制的，因此产销量与销售价格、汇率是主要的不确定性因素。

(2) 从费用方面来看，包括成本(特别是与人工费、原材料、燃料、动力费及技术水平有关的变动成本)、建设投资、流动资金占用、折现率、汇率等。

(3) 从时间方面来看，包括技术方案建设期、生产期，生产期又可考虑投产期和正常生产期。此外，选择的因素要与选定的分析指标相联系。否则，当不确定性因素变化一定幅度时，并不能反映评价指标的相应变化，达不到敏感性分析的目的。比如折现率因素对静态评价指标不起作用。

3. 分析每个不确定性因素的波动程度及其对分析指标可能带来的增减变化情况

首先，对所选定的不确定性因素，应根据实际情况设定它们的变动幅度，其他因素固定不变。因素的变动可以按照一定的变化幅度(如±5%、±10%、±15%、±20%等，对于建设工期可采用延长或压缩一段时间表示)改变其数值。

其次，计算不确定性因素每次变动对技术方案经济效果评价指标的影响。对每一因素的每一变动，均重复以上计算，然后，把因素变动及相应指标变动结果用敏感性分析表(见表 5-1)和敏感性分析图(见图 5-2)的形式表示出来，以便于测定敏感因素。

表 5-1 单因素变化对 XXX 评价指标的影响

单位：万元

项目 \ 变化幅度	-20%	-10%	0	10%	20%	平均+1%	平均-1%
投资额							
产品价格							
经营成本							
……							

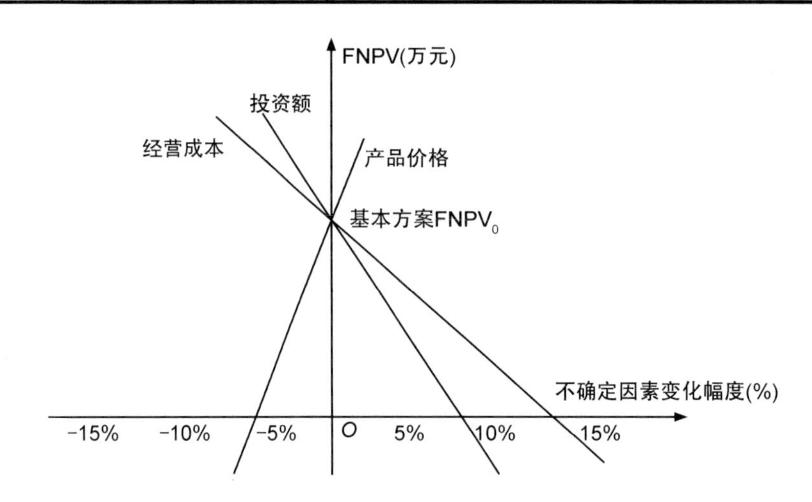

图 5-2 单因素敏感性分析示意图

4. 确定敏感性因素

敏感性分析的目的在于寻求敏感因素，这可以通过计算敏感度系数和临界点来判断。

1) 敏感度系数

敏感度系数(S_{AF})表示技术方案经济效果评价指标对不确定性因素的敏感程度，计算公式为：

$$S_{AF}=\frac{\Delta A/A}{\Delta F/F} \tag{5-9}$$

式中：S_{AF}——评价指标 A 对于不确定性因素 F 的敏感度系数；

$\Delta F/F$——不确定性因素 F 的变化率(%)；

$\Delta A/A$——不确定性因素 F 发生 ΔF 变化时，评价指标 A 的相应变化率(%)。

计算敏感度系数判别敏感因素的方法是一种相对测定法，即根据不同因素相对变化对技术方案经济效果评价指标影响的大小，可以得到各个因素的敏感性程度排序。

$S_{AF}>0$，表示评价指标与不确定性因素同方向变化；$S_{AF}\leqslant 0$，表示评价指标与不确定性因素反方向变化。

$|S_{AF}|$越大，表明评价指标 A 对于不确定性因素 F 越敏感；反之，则不敏感。据此可以找出哪些因素是最关键的因素。敏感度系数提供了各不确定因素变动率与评价指标变动率之间的比例，但不能直接显示变化后评价指标的值。为了弥补这种不足，有时需要编制敏感性分析表，列出各因素变动率及相应的评价指标值。

敏感性分析表的缺点是不能连续表示变量之间的关系，为此人们又设计了敏感分析图，如图 5-2 所示。图中横轴代表各不确定因素变动百分比，纵轴代表评价指标(以财务净现值为例)。根据原来的评价指标值和不确定因素变动后的评价指标值，画出直线。这条直线反映不确定因素不同变化水平时所对应的评价指标值。每一条直线的斜率反映技术方案经济效果评价指标对该不确定因素的敏感程度，斜率越大，敏感度越高。一张图可以同时反映多个因素的敏感性分析结果。

2) 临界点

临界点是指技术方案允许不确定因素向不利方向变化的极限值(见图 5-3)。超过极限，技术方案的经济效果指标将不可行。例如当产品价格下降到某一值时，财务内部收益率将刚好等于基准收益率，此点即为产品价格下降的临界点。可用临界点百分比或者临界值分别表示某一变量的变化达到一定的百分比或者一定数值时，技术方案的经济效果指标将从可行转变为不可行。临界点可用专用软件的财务函数计算，也可由敏感性分析图直接求得近似值。采用图解法时，每条直线与判断基准线的相交点所对应的横坐标上不确定因素变化率即为该因素的临界点。但须注意，临界点的高低与设定的指标判断标准有关。如财务内部收益率的判断标准为基准收益率，则不确定性因素变化的临界点是财务内部收益率等于基准收益率。对于同一个技术方案，随着设定基准收益率的提高，临界点就会变低(即临界点表示的不确定因素的极限变化变小)。

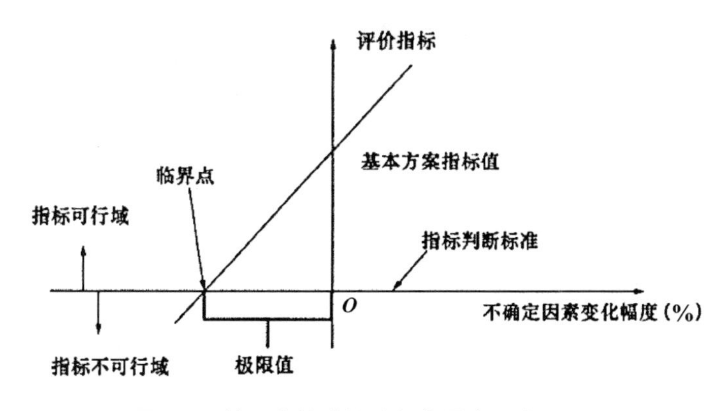

图 5-3　单因素敏感性分析临界点示意图

利用临界点判别敏感因素的方法是一种绝对测定法，技术方案能否接受的判断依据是各经济效果评价指标能否达到临界值。在一定指标判断标准(如基准收益率)下，若干不确定

性因素中，临界点越低，说明该因素对技术方案经济效果指标影响越大，技术方案对该因素就越敏感。把临界点与未来实际可能发生的变化幅度相比较，就可大致分析该技术方案的风险情况。在实践中常常把敏感度系数和临界点结合起来确定敏感因素。

5. 选择方案

如果进行敏感性分析的目的是对不同的技术方案进行选择，一般应选择敏感程度小、承受风险能力强、可靠性大的技术方案。需要说明的是，单因素敏感性分析虽然对于技术方案分析中不确定因素的处理是一种简便易行、具有实用价值的方法，但它以假定其他因素不变为前提，这种假定条件，在实际经济活动中是很难实现的，因为各种因素的变动都存在着相关性，一个因素的变动往往会引起其他因素随之变动。比如产品价格的变化可能引起需求量的变化，从而引起市场销售量的变化。所以，在分析技术方案经济效果受多种因素同时变化的影响时，要用多因素敏感性分析，使之更接近实际过程。多因素敏感性分析由于要考虑可能发生的各种因素不同变动情况的多种组合，因此计算起来要比单因素敏感性分析复杂得多。

综上所述，敏感性分析在一定程度上对不确定因素的变动对技术方案经济效果的影响作了定量的描述，有助于弄清技术方案对不确定因素的不利变动所能接受的风险程度，有助于鉴别哪个是敏感因素，从而能够及早排除对那些无足轻重的变动因素的注意力，把进一步深入调查研究的重点集中在那些敏感因素上，或者针对敏感因素制定出管理和应变对策，以达到尽量减少风险、增加决策可靠性的目的。但敏感性分析也有其局限性，它主要依靠分析人员凭借主观经验来分析判断，难免存在片面性。在技术方案的计算期内，各不确定性因素相应发生变动幅度的概率不同，这也就意味着技术方案承受风险的大小不同。而敏感性分析在分析某一因素的变动时，并不能说明不确定因素发生变动的可能性是大还是小，对于此类问题，还要借助概率分析等方法。

【例 5-4】某小型电动汽车的投资方案，用于确定性经济分析的现金流量见表 5-2，所采用的数据是根据未来最可能出现的情况而预测估算的。由于对未来影响经济环境的某些因素把握不大，投资额、经营成本和销售收入均有可能在±20%的范围内变动。设定基准折现率为 10%，不考虑所得税，试就三个不确定性因素作敏感性分析。

表 5-2　小型电动汽车项目现金流量一览表

单位：万元

年份	0	1	2～10	11
投资(*K*)	15 000			
销售收入(*B*)			19 800	19 800
经营成本(*C*)			15 200	15 200
期末资产残值(*L*)				2 000
净现金流量	−15 000		4 600	6 600

(1) 确定性分析，计算净现值的预测值。

$$\begin{aligned}\mathrm{NPV}_K &= -K+(B-C)(P/A,10\%,10)(P/F,10\%,1)+L(P/F,10\%,11)\\ &= -15\,000+4\,600(P/A,10\%,10)(P/F,10\%,1)+2\,000(P/F,10\%,11)\\ &= 11\,394(万元)\end{aligned}$$

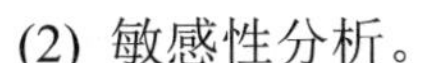

(2) 敏感性分析。

① 求变化关系。设投资额、经营成本和销售收入变动的百分比为 x、y、z，对 NPV 产生线性影响，分析这些百分比对方案 NPV 的影响规律。

投资(K)变动 x：

$$\mathrm{NPV}_K = -K(1+x)+(B-C)(P/A,10\%,10)(P/F,10\%,1)+L(P/F,10\%,11)$$

$$\mathrm{NPV}_K = 11\,394-15\,000\cdot x$$

经营成本(C)变动 y：

$$\mathrm{NPV}_C = -K+[B-C(1+y)](P/A,10\%,10)(P/F,10\%,1)+L(P/F,10\%,11)$$

$$\mathrm{NPV}_C = 11\,394-84\,899\cdot y$$

销售收入(B)变动 z：

$$\mathrm{NPV}_B = -K+[B(1+z)-C](P/A,10\%,10)(P/F,10\%,1)+L(P/F,10\%,11)$$

$$\mathrm{NPV}_B = 11\,394+110\,593\cdot z$$

分别对 x、y、z 的不同取值计算方案的 NPV，结果见表 5-3。

表 5-3　x、y、z 的不同取值对应计算方案的 NPV

因素 \ 变动率	−20%	−15%	−10%	−5%	0	5%	10%	15%	20%
投资额	14 394	13 644	12 894	12 144	11 394	10 644	9 894	9 144	8 394
经营成本	28 374	24 129	19 844	15 639	11 394	7 149	2 904	1 341	5 586
销售收入	−10 725	−5 195	335	5 864	11 394	16 924	22 453	27 983	3 3513

② 计算方案对各因素的敏感度。

$$\text{投资额平均敏感度}=\frac{(8\,394-14\,394)\div 11\,394\times 100\%}{40\%}\approx -1.32$$

$$\text{经营成本平均敏感度}=\frac{(-5\,586-28\,374)\div 11\,394\times 100\%}{40\%}\approx -7.45$$

$$\text{销售收入平均敏感度}=\frac{[33\,513-(-10\,725)]\div 11\,394\times 100\%}{40\%}\approx 9.71$$

由此可见，销售收入的斜率最大，即为最敏感因素。

③ 求影响方案取舍的不确定因素变化的临界值。

令 NPV=0，得 x'=76.0%，y'=13.4%，z'=−10.3%。

C、B 不变，K 增长大于 76.0%；

K、B 不变，C 增长大于 13.4%；

K、C 不变，B 减少大于 10.3%。

此时，方案不可行。

(3) 综合评价。

本例中，销售收入(产品价格)是最敏感因素，经营成本是次敏感因素，投资额显然不是影响方案经济性的主要因素。

对方案来说，产品价格与经营成本都是敏感因素。在作出决策前，应该对产品价格和经营成本及其可能变动的范围作出更为精确的预测估算。如果产品价格低于原来预测值

10.3%以上的可能性较大，则意味着这笔投资有较大的风险。另外，经营成本的变动对方案经济效果有较大影响，这一分析结论还说明，如果实施本方案，严格控制经营成本将是提高项目经营效益的重要途径。至于投资额，显然不是本方案的敏感因素，即使增加 20%甚至更多也不会影响决策的结论。

5.3.3 多因素敏感性分析

多因素敏感性分析法是指在假定其他不确定性因素不变条件下，计算分析两种或两种以上不确定性因素同时发生变动，对项目经济效益值的影响程度，确定敏感性因素及其极限值。多因素敏感性分析一般是在单因素敏感性分析基础上进行的，且分析的基本原理与单因素敏感性分析大体相同，但需要注意的是，多因素敏感性分析须进一步假定同时变动的几个因素都是相互独立的，且各因素发生变化的概率相同。

多因素敏感性分析要考虑可能发生的各种因素不同变动幅度的多种组合，因此，计算起来要比单因素敏感性分析复杂得多。

5.4 概率分析与风险决策

概率分析是使用概率预测分析不确定因素和风险因素对项目经济效果的影响的一种定量分析方法。其实质是研究和计算各种影响因素的变化范围，以及在此范围内出现的概率和期望值。由于概率的原因所引起的实际价值与估计价值或预期价值之间的差异，通常被称为风险性，因此概率分析亦可称为风险分析。在项目评价中所用的概率是指各种基本变量(如投资、成本、收益等)出现的频率。其分析结果的可靠性很大程度上取决于每个变量概率值的准确性。

概率分析(微课)

5.4.1 概率分析的方法

进行概率分析具体的方法主要有期望值法、效用函数法和模拟分析法等。

1. 期望值法

期望值法在项目评估中应用最为普遍，是通过计算项目净现值的期望值和净现值大于或等于零时的累计概率，来比较方案优劣、确定项目可行性和风险程度的方法。

2. 效用函数法

效用是对总目标的效能价值或贡献大小的一种测度。在风险决策的情况下，可用效用来量化决策者对待风险的态度。通过效用这一指标，可将某些难以量化、有质的差别的事物(事件)给予量化，将要考虑的因素折合为效用值，得出各方案的综合效用值，再进行决策。

效用函数能够反映决策者对待风险的态度。不同的决策者在不同的情况下，其效用函数是不同的。

3. 模拟分析法

模拟分析法就是利用计算机模拟技术，对项目的不确定性因素进行模拟，通过抽取服从项目不确定性因素分布的随机数，计算分析项目经济效果评价指标，从而得出项目经济效果评价指标的概率分布，以提供项目不确定性因素对项目经济指标影响的全面情况。

5.4.2　概率分析的步骤

概率分析的步骤如下所述。

(1) 列出各种欲考虑的不确定性因素。例如销售价格、销售量、投资和经营成本等，均可作为不确定性因素。需要注意的是，所选取的几个不确定性因素应是互相独立的。

(2) 设想各个不确定性因素可能发生的情况，即其数值发生变化的几种情况。

(3) 分别确定各种可能发生情况产生的可能性，即概率。各种不确定性因素的各种可能发生情况出现的概率之和必须等于 1。

(4) 计算目标值的期望值。可根据方案的具体情况选择适当的方法。假如采用净现值为目标值，一种方法是将各年净现金流量所包含的各不确定性因素在各可能情况下的数值与其概率分别相乘后再相加，得到各年净现金流量的期望值，然后求得净现值的期望值。另一种方法是直接计算净现值的期望值。

(5) 求出目标值大于或等于零的累计概率。对于单个方案的概率分析应求出净现值大于或等于零的概率，由该概率值的大小可以估计方案承受风险的程度，该概率值越接近 1，说明技术方案的风险越小；反之，说明方案的风险越大。可以列表求得净现值大于或等于零的概率。

概率分析是根据不确定性因素在一定范围内的随机变动，分析并确定这种变动的概率分布，从而计算出其期望值及标准差，为项目的风险决策提供依据的一种分析方法。

5.4.3　风险分析

1. 风险识别

根据风险的特征认识和确定方案可能存在的潜在风险因素，分析这些风险因素对项目的影响以及风险产生的原因。

2. 风险估计

在风险识别之后，通过定量分析的方法测度风险发生的可能性及对项目的影响程度，即估算风险事件发生的概率及其后果的严重程度。

风险估计分为主观概率估计和客观概率估计。项目前期的风险估计最常用的方法是由专家或决策者对事件出现的可能性作出主观估计。

3. 风险评价

在风险识别和估计的基础上，可以通过建立项目风险的系统评价指标体系和评价标准，对风险程度进行划分，以找出影响项目的关键风险因素，确定项目的整体风险水平。

风险评价的判别标准可采用以下两种类型。

(1) 以经济指标的累计概率、标准差为判别标准。

① IRR≥i_c的累计概率值越大，风险越小；标准差越小，风险越小。

② NPV≥0 的累计概率值越大，风险越小；标准差越小，风险越小。

(2) 风险评价以综合风险等级作为判别标准。

① 将风险因素发生的可能性划分为四个等级：高、较高、适度、低。

② 将风险因素的影响程度也划分为四个等级：严重、较大、适度、低。

③ 建立风险评价矩阵(见图 5-4)。风险因素发生的概率为横坐标，风险因素发生后对项目影响的大小为纵坐标。

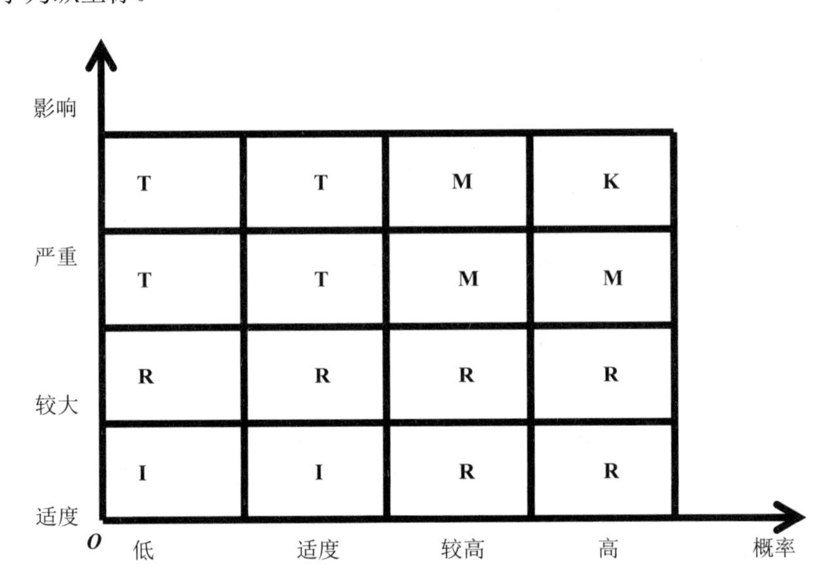

图 5-4　风险评价矩阵

综合风险等级分为以下五个等级。

K：风险很强，出现这类风险就要放弃项目。

M：风险强，需要修正拟议中的方案，改变设计或采取补偿措施等。

T：风险较强，设定某些指标临界值，指标一旦达到临界值，就要变更设计或对负面影响采取补偿措施。

R：表示风险适度(较小)，适当采取措施后其不影响项目。

I：表示风险弱，可忽略。

4. 风险应对

项目寿命周期不同阶段的风险应对措施如下。

(1) 决策阶段：提出多个备选方案，对有重大风险因素进行专项研究，编制投资估算，制订建设计划和分析经济效益时，对有关数据应留有充分余地。

(2) 建设或运营阶段：建议采取回避、控制(主要风险对策)、转移和自担措施。

思考与练习

一、单项选择题

1. 在一定生产规模限度内，产品成本随着产品产量的增减而成正比例地增减的费用为(　　)。

A. 可变成本　　B. 固定成本　　C. 半可变成本　　D. 经营成本

2. 盈亏平衡分析分为线性盈亏平衡分析和非线性盈亏平衡分析。其中，线性盈亏平衡分析的条件之一是(　　)。

A. 只生产单一产品，且生产量等于销售量

B. 单位可变成本随生产量的增加成比例降低

C. 生产量与销售量之间呈线性比例关系

D. 销售收入是销售量的线性函数

3. 在效益分析的基础上，重复分析各种经济因素发生变化对技术方案经济效益价值的影响程度，这种方法被称为(　　)。

A. 盈亏平衡分析　　B. 概率分析

C. 量本利分析　　D. 敏感性分析

4. 比较适用的不确定性分析方法有(　　)。

A. 投资分析、敏感性分析和风险分析

B. 盈亏平衡分析、收益分析和概率分析

C. 盈亏平衡分析、敏感性分析和概率分析

D. 效益分析、费用分析和风险分析

二、简答题

1. 什么是不确定性分析？不确定性分析包括哪些内容？
2. 为什么要对投资项目进行不确定性分析？
3. 什么是盈亏平衡分析？线性盈亏平衡点的计算需要哪些假定条件？
4. 什么是敏感性分析？简述敏感性分析的一般步骤。

三、计算题

1. 某项目方案预计在计算期内的支出、收入如表 5-4 所示。试以净现值指标对方案进行敏感性分析，找出其敏感因素(基准收益率为 10%)。

表 5-4　项目的支出和收入表

单位：万元

年份	0	1	2	3	4	5	6
投资	100	200	50				
年经营成本				140	200	200	200
年销售收入				280	400	400	400

2. 已知某建筑构件企业生产构件，设计年产量为6500件，每件产品的出厂价格为55元，每件产品的可变成本为30元，企业每年固定成本为75 000元，单位产品销售税金及附加为5元。试求以产量、生产能力利用率、销售价格来表示的盈亏平衡点。

模块 6　设备更新的经济分析

<table>
<tr><td colspan="2">学习目标</td><td>(1)熟悉设备更新的概念，了解设备磨损的分类及补偿方式。
(2)了解设备各种寿命的区别，掌握经济寿命的确定方法。
(3)熟悉设备更新方案比较的原则，掌握设备更新的经济分析方法。
(4)了解设备租赁的形式，掌握设备租赁的经济分析方法。</td></tr>
<tr><td rowspan="2">重点和难点</td><td>重点</td><td>(1)设备磨损类型、补偿方式及更新分析的特点。
(2)设备大修理的经济分析。
(3)设备更新的经济分析。</td></tr>
<tr><td>难点</td><td>(1)设备更新分析的特点。
(2)设备更新分析的方法及其应用。</td></tr>
<tr><td colspan="2">思政目标</td><td>以市场为前提，以经济为目标，以技术为手段，对多种技术实践活动进行经济效益分析，做出科学合理的评价，培养学生的逻辑思辨能力。</td></tr>
</table>

6.1　设备的磨损与补偿

6.1.1　设备的磨损

设备是企业进行生产的必要工具与条件，企业为了提高生产效率，需要投入一定的资金采购生产、办公等设备。设备一旦采购，不管是使用，还是闲置，都会随着时间的延长产生有形的或无形的磨损。

设备经济寿命、磨损(微课)

1. 设备的有形磨损

设备的有形磨损，又称物质磨损或物理磨损，是设备在使用或闲置过程中所发生的实体性磨损。有形磨损分为以下两种形式。

(1) 第一种有形磨损。设备在使用过程中，在外力的作用下，设备自身或设备零部件等实体产生的磨损、变形和损坏，如正常使用的磨损、意外破坏损毁、延迟维修的损坏残存等，属于第一种有形磨损。由于这种磨损是设备使用产生的，所以使用时间越长，使用强度越大，第一种有形磨损也就越大。

(2) 第二种有形磨损。设备在闲置过程中受自然力的作用而产生的实体磨损，如风吹、日晒、雨淋导致设备的腐朽、生锈、老化、风化等，属于第二种有形磨损，这种磨损与闲置的时间长短和所处环境有关。它与设备的闲置时间和闲置环境，以及使用或者闲置期间的维护状况有关。

上述两种有形磨损都会造成设备精度降低、性能变差、生产效率降低，而运行费用及维修费用却会增高。当有形磨损达到一定程度时，设备就会发生故障，不能继续正常工作，甚至失去工作能力，或者需要支付很高的修理费用进行维修才能继续工作。所以，有形磨损会使设备的使用价值降低甚至完全丧失，设备本身及其所创造的经济价值也由此降低或丧失。

2. 设备的无形磨损

设备的无形磨损，又称精神磨损、经济磨损。设备的无形磨损不是由生产过程中使用或自然力的作用造成的物质磨损，而是由于社会经济环境变化造成的设备原始价值的贬值，是科学生产技术进步的结果。无形磨损分为以下两种形式。

(1) 第一种无形磨损。原设备的技术结构和性能并没有变化，但由于技术进步，设备制造工艺不断改进，社会劳动生产率水平的提高，使得同类设备的再生产成本降低，因而设备的市场价格也降低了，致使原设备相对贬值。这种磨损属于第一种无形磨损。

这种无形磨损的后果只是现有设备原始价值部分贬值，设备本身的技术特性和功能(即使用价值)并未发生变化，故不会影响现有设备的使用。因此，不会产生提前更换现有设备的问题。但由于技术进步对生产部门的影响往往大于修理部门，使设备本身价值降低的程度比其维修费用降低的速度更快，从而有可能造成在尚未达到使用年限之前设备的维修费用就高出设备本身再生产的价值，此时就要考虑设备的更换问题。

(2) 第二种无形磨损。由于科学技术的进步，不断创造出结构更先进、性能更完善、效率更高、耗费原材料和能源更少的新型设备，因此使得原有设备相对陈旧落后，其经济效益相对降低而发生贬值。这种磨损属于第二种无形磨损。第二种无形磨损的后果不仅是使原有设备价值降低，而且由于新设备功能更完善、消耗更少，使原有设备的使用价值降低甚至被淘汰，这就产生了是否用新设备代替现有落后设备的问题。

有形和无形两种磨损都会引起设备原始价值的贬值，不同的是，遭受有形磨损的设备，特别是有形磨损严重的设备，在修理之前，常常不能工作；而遭受无形磨损的设备，并不会表现为设备实体的变化和损坏，即使无形磨损很严重，其固定资产物质形态却可能没有磨损，仍然可以使用，只不过继续使用它在经济上是否合算，需要分析研究。

3. 设备的综合磨损

设备的综合磨损是指同时存在有形磨损和无形磨损的损坏和贬值的综合情况。对任何特定的设备来说，这两种磨损必然同时发生并互相影响。某些方面的技术要求可能会加快设备有形磨损的速度，例如高强度、高速度、大负荷技术的发展，必然使设备的物质磨损加剧。同时，某些方面的技术进步又可提供耐热、耐磨、耐腐蚀、耐振动、耐冲击的新材料，使设备的有形磨损减缓，但是其无形磨损会加快。

6.1.2　设备磨损的补偿方式

设备发生磨损后，需要进行补偿，以恢复设备的生产能力。由于设备遭受磨损的形式不同，补偿磨损的方式也不一样。补偿可以分为局部补偿和完全补偿。设备有形磨损的局部补偿是修理，设备无形磨损的局部补偿是现代化改装，设备有形磨损和无形磨损的完全补偿是更新，如图 6-1 所示。

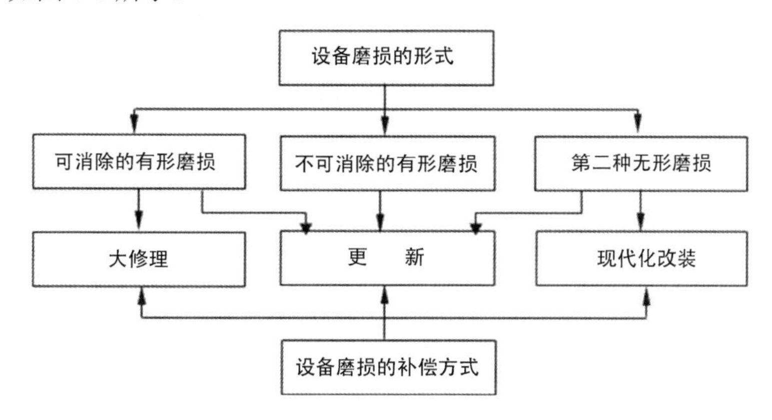

图 6-1　设备磨损的补偿方式

1. 设备大修理

对于设备的有形磨损，若程度较轻，即可消除性的有形磨损，可以通过局部补偿的方式进行，即设备大修理。设备大修理是指更换部分已磨损的零部件和调整设备，以恢复设备的功能和效率。

2. 设备的现代化改装

对于第二种无形磨损，局部补偿方式是设备的现代化改装。设备的现代化改装是指对设备的结构作出局部的改进和技术上的革新，如增添新的、必要的零部件，以增加设备的生产功能和效率。

3. 设备的更新

当设备的有形磨损严重到不可消除时，或设备第二种无形磨损无法通过改装补偿，就需要对设备进行更新，也就是完全补偿。

设备的第一种无形磨损无法进行局部补偿，但这种磨损并不影响设备的使用。设备的有形磨损和无形磨损总是同时存在并相互影响的，所以设备磨损的补偿方式也应该综合考虑。对于整体性能尚可、局部有缺陷或个别技术经济指标落后的设备，应当吸收国内外先进技术，不断进行现代化改装和改造，以适应生产需要。对于陈旧落后的设备，如使用操作条件不好、消耗高、性能差、对环境污染严重，应当及早淘汰，进行设备更新。设备磨损的理想方案是当设备需要进行大修理时，正好也到了要更新换代的时候，也就是“无维修设计”。但设备的无形磨损一般都比有形磨损快很多，所以经常会存在设备已经无形磨损了，但物质上尚可使用的问题。这就需要根据设备在经济寿命期的折旧额度及运行成本，对设备更新方案进行经济技术分析。

6.2 设备的折旧

6.2.1 设备折旧的概念

设备的折旧(微课)

设备在长期的使用过程中，由于各种磨损的存在，使它的价值部分地、逐渐地减少，以货币形式表现的因设备磨损而减少的这部分价值在会计核算上叫作设备的折旧。设备的折旧构成设备进行生产时的一项生产费用，在会计核算上叫作折旧费或折旧额。这里所讲的设备折旧就是固定资产折旧。

6.2.2 设备折旧的计算方法

设备折旧的计算方法主要有以下几种。

1. 年限平均法

年限平均法又称直线法，是将固定资产的应计折旧额均衡地分摊到固定资产预计使用寿命内的一种方法。采用这种方法计算的每期折旧额是等额的。其计算公式如下：

$$\text{年折旧率}=(1-\text{预计净残值率})/\text{预计使用寿命(年)} \tag{6-1}$$

$$\text{月折旧率}=\text{年折旧率}/12 \tag{6-2}$$

$$\text{月折旧额}=\text{固定资产原价}\times\text{月折旧率} \tag{6-3}$$

【例 6-1】 甲公司的一台机器设备原价为 280 000 元，预计净残值率为 3%，预计使用寿命为 5 年。则该台机器设备的月折旧额计算如下：

年折旧率=(1-3%)/5=19.4%

月折旧率=19.4%/12=1.62%

月折旧额=280 000×1.62%=4 536(元)

2. 工作量法

工作量法是根据实际工作量计提固定资产折旧额的一种方法。其计算公式如下：

$$\text{单位工作量折旧额}=\text{固定资产原价}/(1-\text{预计净残值率})/\text{预计总工作量} \tag{6-4}$$

$$\text{某项固定资产月折旧额}=\text{该项固定资产当月工作量}/\text{单位工作量折旧额} \tag{6-5}$$

【例 6-2】 甲公司的一台机器设备原价为 280 000 元，预计能够生产产品 2 000 000 件，预计净残值率为 3%，本月生产产品 34 000 件。则该台机器设备的月折旧额计算如下：

单件折旧额=280 000×(1-3%)/2 000 000 =0.135 8(元/件)

月折旧额=34 000×0.135 8=4 617.2(元)

3. 双倍余额递减法

双倍余额递减法是在不考虑固定资产预计净残值的情况下，根据每年年初固定资产净值和双倍的直线法折旧率计算固定资产折旧额的一种方法。应用这种方法计算折旧额时，由于每年年初固定资产净值没有扣除预计净残值，所以在计算固定资产折旧额时，应在其折旧年限到期前两年内，将固定资产的净值扣除预计净残值后的余额平均摊销。其折旧率

的计算公式如下：

$$年折旧率=2/预计的使用年限 \quad (6\text{-}6)$$

$$月折旧率=年折旧率/12 \quad (6\text{-}7)$$

$$月折旧额=固定资产年初账面余额\times月折旧率 \quad (6\text{-}8)$$

【例 6-3】 乙公司有一台机器设备原价为 600 000 元，预计使用寿命为 5 年，预计净残值率为 4%。按双倍余额递减法计算折旧，每年折旧额计算如下：

年折旧率=2/5=40%

第一年应提的折旧额=600 000×40%=240 000(元)

第二年应提的折旧额=(600 000−240 000) ×40% =144 000(元)

第三年应提的折旧额=(360 000−144 000) ×40% =86 400(元)

从第四年起改按年限平均法(直线法)计提折旧，则

第四、五年应提的折旧额=(129 600−600 000×4%)/2 =52 800(元)

4. 年数总和法

年数总和法又称合计年限法，是将固定资产的原价减去预计净残值后的余额，乘以一个以固定资产尚可使用寿命为分子、以预计使用寿命逐年数字之和为分母的逐年递减的分数计算每年的折旧额。计算公式如下：

$$年折旧率=尚可使用寿命/预计使用寿命的年数总和 \quad (6\text{-}9)$$

$$月折旧率=年折旧率/12 \quad (6\text{-}10)$$

$$月折旧额=(固定资产原价-预计净残值)\times月折旧率 \quad (6\text{-}11)$$

【例 6-4】 乙公司有一台机器设备原价为 600 000 元，预计使用寿命为 5 年，预计净残值率为 4%。采用年数总和法计算的各年折旧额如表 6-1 所示。

表 6-1　年数总和法计算的各年折旧额

单位：元

年　份	尚可使用寿命	原价−净残值	年折旧率	每年折旧额	累计折旧额
1	5	576 000	5/15	192 000	192 000
2	4	576 000	4/15	153 600	345 600
3	3	576 000	3/15	115 200	460 800
4	2	576 000	2/15	76 800	537 600
5	1	576 000	1/15	38 400	576 000

6.3　设备的更新

6.3.1　设备更新类型

设备更新的经济分析(微课)

设备更新是对旧设备的整体更换，也就是用原型新设备，或结构更加合理、技术更加完善、性能和生产效率更高、比较经济的新设备，更换已经陈旧了的、在技术上不能继续使用或在经济

上不宜继续使用的旧设备。就实物(物质)形态而言，设备更新是用新的设备替换陈旧落后的设备；就价值(货币)形态而言，设备更新是设备在运动中消耗掉的价值的重新补偿。用原型新设备进行设备更新的价值补偿，属于完全的价值补偿；而用结构合理、技术完善、经济适用的新设备进行设备更新的价值补偿，属于超值的价值补偿，实质是增加了部分设备的投资。设备更新是消除设备有形磨损和无形磨损的重要手段，其目的是提高企业生产的现代化水平，尽快地形成新的生产能力。所以通常所说的设备更新主要是指新型设备更新。

设备更新分析是企业生产发展和技术进步的客观需要，对企业的经济效益有着重要的影响。过早的设备更新，无论是由于设备暂时出现故障就报废的草率决定，还是片面追求现代化而购买最新式设备的决定，都将造成资金的浪费，从而失去其他的收益机会。对一个资金十分紧张的企业来说，可能走向另一个极端，即拖延设备的更新，这将造成生产成本的迅速上升，失去竞争的优势。因此，设备是否更新，何时更新，选用何种设备更新，这些问题既要考虑技术发展的需要，又要考虑经济方面的效益。这就需要建造师不失时机地做好设备更新分析工作，采取适宜的设备更新策略。

设备更新策略应在系统全面了解企业现有设备的性能、磨损程度、服务年限、技术进步等情况后，分轻重缓急，有重点地区别。凡修复比较合理的，不应过早更新；可以修中有改进，通过改进工装就能使设备满足生产技术要求的则不要急于更新；更新个别关键零部件就可达到要求的，不必更换整台设备；更换单机能满足要求的，不必更换整条生产线。

通常优先考虑更新的设备是：①设备损耗严重，大修后性能、精度仍不能满足规定工艺要求的；②设备损耗虽在允许范围之内，但技术已经陈旧落后，能耗高，使用操作条件不好，对环境污染严重，技术经济效果很不好的；③设备役龄长，大修虽然能恢复精度，但经济效果上不如更新后的。

6.3.2 设备更新方案的比选

确定设备更新必须进行技术经济分析。设备更新方案比选的基本原理和评价方法与互斥性投资方案比选相同。但在实际设备更新方案比选时，应遵循以下原则。

(1) 设备更新分析应站在客观的立场分析问题。设备更新问题的要点是站在客观的立场上，而不是站在旧设备的立场上考虑问题。若要保留旧设备，首先要付出相当于旧设备当前市场价值的投资，才能取得旧设备的使用权。

(2) 不考虑沉没成本。沉没成本是既有企业过去投资决策发生的、非现在决策能改变或不受现在决策影响已经计入过去投资费用回收计划的费用。由于沉没成本是已经发生的费用，不管企业生产什么和生产多少，这项费用都不可避免地要发生，因此现在的决策对它不起作用。在进行设备更新方案比选时，原设备的价值应按目前实际价值计算，而不考虑其沉没成本。

例如，某设备 4 年前的原始成本是 80 000 元，目前的账面价值是 30 000 元，现在的市场价值仅为 18 000 元。在进行设备更新分析时，旧设备往往会产生一笔沉没成本，即

$$沉没成本=设备账面价值-当前市场价值 \tag{6-12}$$

或

$$沉没成本=(设备原值-历年折旧费)-当前市场价值 \tag{6-13}$$

则本例旧设备的沉没成本为 12 000 元，是过去投资决策发生的，与现在更新决策无关，目前该设备的价值等于市场价值 18 000 元。

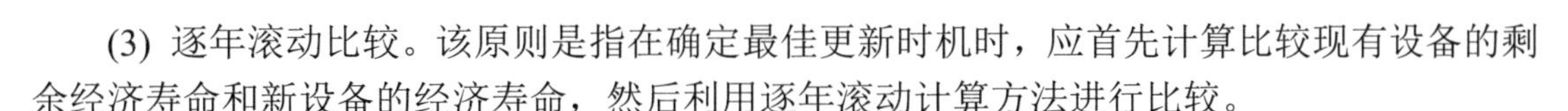

(3) 逐年滚动比较。该原则是指在确定最佳更新时机时，应首先计算比较现有设备的剩余经济寿命和新设备的经济寿命，然后利用逐年滚动计算方法进行比较。

如果不遵循这些原则，方案比选结果或更新时机的确定就可能发生错误。

6.3.3　设备更新时机的确定

设备在使用过程中，由于有形磨损和无形磨损的共同作用，在设备使用到一定期限时，就需要利用新设备进行更新。这种更新取决于设备使用寿命的效益或成本的高低。

1. 设备寿命的概念

设备的寿命在不同情况下有不同的内涵和意义。现代设备的寿命，不仅要考虑自然寿命，而且还要考虑设备的技术寿命和经济寿命。

1) 设备的自然寿命

设备的自然寿命又称物质寿命，它是指设备从投入使用开始，直到因物质磨损严重而不能继续使用、报废为止所经历的全部时间。它主要是由设备的有形磨损所决定的。做好设备维修和保养可以延长设备的物质寿命，但不能从根本上避免设备的磨损。任何一台设备磨损到一定程度时，都必须进行更新。因为随着设备使用时间的延长，设备不断老化，维修所支出的费用也逐渐增加，从而出现恶性使用阶段，即经济上不合理的使用阶段，因此，设备的自然寿命不能作为设备更新的估算依据。

2) 设备的技术寿命

由于科学技术迅速发展，一方面，对产品的质量和精度的要求越来越高；另一方面，也不断涌现出技术上更先进、性能更完善的机械设备，这就使得原有设备虽然还能继续使用，但已不能保证产品的精度、质量和技术要求而被淘汰。因此，设备的技术寿命就是指设备从投入使用到因技术落后而被淘汰所持续的时间，也是指设备在市场上维持其价值的时间，故又称有效寿命。例如一台计算机，即使完全没有使用过，它的功能也会被更为完善、技术更为先进的计算机所取代，这时它的技术寿命几乎等于 0。由此可见，技术寿命主要是由设备的无形磨损所决定的，它一般比自然寿命要短，而且科学技术进步越快，技术寿命越短。所以，在估算设备寿命时，必须考虑设备技术寿命期限的变化特点及其使用的制约或影响。

3) 设备的经济寿命

经济寿命是指设备从投入使用开始，到因在经济上不合理而被更新所经历的时间。它是由设备维护费用的提高和使用价值的降低决定的。设备使用年限越长，所分摊的设备年资产消耗成本就越少。但是随着设备使用年限的增加，一方面需要更多的维修费维持原有功能；另一方面设备的操作成本及原材料、能源耗费也会增加，年运行时间、生产效率、质量将下降。因此，年资产消耗成本的降低，会被年度运行成本的增加或收益的下降所抵消。在整个变化过程中存在着某一年份，设备年平均使用成本最低，经济效益最好，如图 6-2 所示，在第 N_0 年时，设备年平均使用成本达到最低值。我们称设备从开始使用到其年平均使用成本最小(或年盈利最高)的使用年限 N_0 为设备的经济寿命。所以设备的经济寿命就是根据经济观点(即成本观点或收益观点)确定的设备更新的最佳时刻。

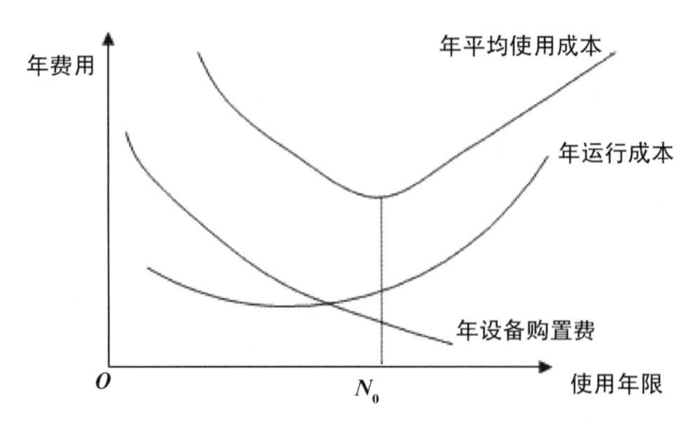

图 6-2　设备年度费用曲线

4) 设备寿命期限的影响因素

影响设备寿命期限的因素较多，其中主要有：①设备的技术构成，包括设备的结构及工艺性、技术进步；②设备成本；③加工对象；④生产类型；⑤工作班次；⑥操作水平；⑦产品质量；⑧维护质量；⑨环境要求。

2. 设备经济寿命的估算

1) 设备经济寿命的确定原则

确定设备经济寿命期的原则如下。

(1) 使设备在经济寿命内平均每年净收益(纯利润)达到最大。

(2) 使设备在经济寿命内一次性投资和各种经营费总和达到最小。

2) 设备经济寿命的确定方法

确定设备经济寿命的方法可以分为静态模式和动态模式两种。下面仅介绍静态模式下设备经济寿命的确定方法。

静态模式下设备经济寿命的确定方法，就是在不考虑资金时间价值的基础上计算设备年平均使用成本$\overline{C_N}$，使$\overline{C_N}$为最小的N_0就是设备的经济寿命。

$$\overline{C_N}=\frac{P-L_N}{N}+\frac{1}{N}\sum_{t=1}^{N}C_t \tag{6-14}$$

式中：$\overline{C_N}$——年内设备的年平均使用成本；

P——设备目前实际价值，如果是新设备，包括购置费和安装费；如果是旧设备，包括旧设备现在的市场价值和继续使用旧设备追加的投资；

C_t——第t年的设备运行成本，包括人工费、材料费、能源费、维修费、停工损失、废次品损失等；

L_N——第N年末的设备净残值。

在式(6-14)中，$\frac{P-L_N}{N}$为设备的平均年度资产消耗成本，而$\frac{1}{N}\sum_{t=1}^{N}C_t$为设备的平均年度运行成本。

在式(6-14)中，如果使用年限N为变量，则当$N(0<N_0\leqslant N)$为经济寿命时，应满足$\overline{C_N}$最小。

【例 6-5】 某设备目前实际价值为 30 000 元，有关统计资料如表 6-2 所示，求其经济

寿命。

表 6-2　设备有关统计资料

单位：元

继续使用年限(t)	1	2	3	4	5	6	7
年运行成本	5 000	6 000	7 000	9 000	11 500	14 000	17 000
年末残值	15 000	7 500	3 750	1 875	1 000	10 001	1 000

【解】 由统计资料可知，该设备在不同使用年限时的年平均成本见表 6-3。由计算结果可以看出，该设备在使用 5 年时，其平均使用成本 13 500 元为最低。因此，该设备的经济寿命为 5 年。

由式(6-14)和表 6-3 可知，用设备的年平均使用成本 $\overline{C_N}$ 估算设备的经济寿命的过程是：在已知设备现金流量的情况下，逐年计算出从寿命 1 年到 N 年全部使用期的年平均使用成本 $\overline{C_N}$，从中找出年平均使用成本 $\overline{C_N}$ 的最小值及其所对应的年限，从而确定设备的经济寿命。

表 6-3　设备在不同使用年限时的静态年平均成本

单位：元

使用年限(N)	资产消耗成本($P-L_N$)	平均年资产消耗成本(3)=(2)/(1)	年度运行成本 C_t	运行成本累计 $\sum C_t$	平均年度运行成本(6)=(5)/(1)	年平均使用成本 $\overline{C_N}$ (7)=(3)+(6)
(1)	(2)	(3)	(4)	(5)	(6)	(7)
1	15 000	15 000	5 000	5 000	5 000	20 000
2	22 500	11 250	6 000	11 000	5 500	16 750
3	26 250	8 750	7 000	18 000	6 000	14 750
4	28 125	7 031	9 000	27 000	6 750	13 781
5	29 000	5 800	11 500	38 500	7 700	13 500
6	29 000	4 833	14 000	52 500	8 750	13 583
7	29 000	4 143	17 000	69 500	9 929	14 072

由于设备使用时间越长，设备的有形磨损和无形磨损就越高，从而导致设备的维护修理费用越高，这种逐年递增的费用 ΔC_t，称为设备的低劣化。用低劣化数值表示设备损耗的方法称为低劣化数值法。如果每年设备的劣化增量是均等的，即 $\Delta C_t=\lambda$，每年劣化呈线性增长，则可以简化经济寿命的计算，即

$$N_0=\sqrt{\frac{2(P-L_N)}{\lambda}} \tag{6-15}$$

式中：N_0——设备的经济寿命；

λ——设备的低劣化值。

【例 6-6】 有一台设备，目前实际价值 $P=8\ 000$ 元，预计残值 $L_N=800$ 元，第一年的设备运行成本 $Q=600$ 元，每年设备的劣化增量是均等的，年劣化值 $\lambda=300$ 元，求该设备的经济寿命。

【解】 设备的经济寿命为：

$$N_0=\sqrt{\frac{2(8\,000-800)}{300}}\approx 7(\text{年})$$

各年的计算结果如表 6-4 所示，进行比较后，也可得到同样的结果。

表 6-4 用低劣化数值法计算设备最优更新期

单位：元

使用年限 (N)	平均年资产消耗成本 $(P-L_N)/N$	年度运行成本 C_t	运行成本累计 $\sum C_t$	平均年度运行成本 (5)=(4)/(1)	年平均使用成本 $\overline{C_N}$ (6)=(2)+(5)
(1)	(2)	(3)	(4)	(5)	(6)
1	7 200	600	600	600	7 800
2	3 600	900	1 500	750	4 350
3	2 400	1 200	2 700	900	3 300
4	1 800	1 500	4 200	1 050	2 850
5	1 440	1 800	6 000	1 200	2 640
6	1 200	2 100	8 100	1 350	2 550
7	1 029	2 400	10 500	1 500	2 529
8	900	2 700	13 200	1 650	2 550
9	800	3 000	16 200	1 800	2 600

3. 设备更新时机的确定

设备更新方案的比选就是对新设备方案与旧设备方案进行比较分析，也就是决定现在马上购置新设备，淘汰旧设备，还是至少保留使用旧设备一段时间，再用新设备替换旧设备。新设备原始费用高，营运费和维修费低；旧设备目前净残值低，营运费和维修费高。必须进行权衡判断，才能做出正确的选择，一般情况要进行逐年比较。

在静态模式下进行设备更新方案比选时，可按以下步骤进行。

(1) 计算新旧设备方案不同使用年限的静态年平均使用成本和经济寿命。

(2) 确定设备更新时机。

设备更新即便在经济上是有利的，但也未必要立即更新。换言之，设备更新分析还包括更新时机选择的问题。现有已用过一段时间的旧设备究竟在什么时机更新最经济?

如果旧设备继续使用 1 年的年平均使用成本低于新设备的年平均使用成本，即

$$\overline{C_N}(\text{旧})<\overline{C_N}(\text{新})$$

此时，不更新旧设备，继续使用旧设备 1 年。

当新旧设备方案出现：

$$\overline{C_N}(\text{旧})>\overline{C_N}(\text{新})$$

此时，应更新现有设备，这就是设备更新的时机。

总之，应以经济寿命为依据的更新方案比较进行分析，使设备都使用到最有利的年限。

6.4　设备的租赁与购买

6.4.1　设备租赁与购买的主要影响因素

在企业生产经营管理中，设备租赁常见于企业设备投资决策。在什么情况下企业选择租赁设备或直接购买设备，作出何种抉择，取决于投资决策者对二者的费用与风险的全面综合比较分析。

1. 设备租赁的概念

设备租赁是设备使用者(承租人)按照合同规定，按期向设备所有者(出租人)支付一定费用而取得设备使用权的一种经济活动。设备租赁一般有融资租赁和经营租赁两种方式。在融资租赁中，租赁双方承担确定时期的租让和付费义务，而不得任意中止和取消租约，贵重的设备(如重型机械设备等)宜采用这种方法；而在经营租赁中，租赁双方的任何一方可以随时以一定方式在通知对方后的规定期限内取消或中止租约，临时使用的设备(如车辆、仪器等)通常采用这种方式。

由于租赁具有把融资和融物结合起来的特点，这使得租赁能够提供及时而灵活的资金融通方式，是企业取得设备进行生产经营的一个重要手段。

(1) 对于承租人来说，设备租赁与设备购买相比的优越性在于以下几点。

① 在资金短缺的情况下，既可用较少资金获得生产急需的设备，也可以引进先进设备，加速技术进步的步伐。

② 可获得良好的技术服务。

③ 可以保持资金的流动状态，防止呆滞，也不会使企业资产负债状况恶化。

④ 可缓解通货膨胀和利率波动的冲击，减少投资风险。

⑤ 设备租金可在所得税前扣除，能享受税费上的利益。

(2) 设备租赁的不足之处有以下几点。

① 在租赁期间承租人对租用设备无所有权，只有使用权，故承租人无权随意对设备进行改造，不能随意处置设备，也不能用于担保、抵押贷款。

② 承租人在租赁期间所交的租金总额一般比直接购置设备的费用要高。

③ 长年支付租金，形成长期负债。

④ 融资租赁合同规定严格，毁约要赔偿损失，且罚款较多。

正是由于设备租赁有利有弊，故在租赁前要进行慎重的决策分析。

2. 影响设备租赁与购买的主要因素

企业在决定进行设备租赁或购买之前，必须进行多方面考虑。因为决定企业租赁或购买的关键在于能否为企业节约尽可能多的支出费用，实现最好的经济效益。为此，首先需要考虑影响设备租赁或购买的因素。

1) 设备租赁或购买都需要考虑的影响因素

影响设备选择的因素较多，其中设备租赁或购买都需要考虑的影响因素主要包括以下几点。

(1) 技术方案的寿命期。

(2) 企业是需要长期占有设备还是只希望短期内占有这种设备。

(3) 设备的技术性能和生产效率。

(4) 设备对工程质量(产品质量)的保证程度，对原材料、能源的消耗量，以及设备生产的安全性。

(5) 设备的成套性、灵活性、耐用性、环保性和维修的难易程度。

(6) 设备的经济寿命。

(7) 技术过时风险的大小。

(8) 设备的资本预算计划、资金可获量(包括自有资金和融通资金)，融通资金时借款利息或利率高低。

(9) 提交设备的进度。

2) 设备租赁考虑的影响因素

对于租赁设备的，除考虑租赁或购买都需要考虑的因素外，还应考虑以下影响因素。

(1) 租赁期长短。

(2) 设备租金额，包括总租金额和每租赁期租金额。

(3) 租金的支付方式，包括租赁期起算日、支付日期、支付币种和支付方法等。

(4) 企业经营费用减少与折旧费和利息减少的关系。

(5) 租赁的节税优惠。

(6) 预付资金(定金)、租赁保证金和租赁担保费用。

(7) 维修方式，即是由企业自行维修，还是由租赁机构提供维修服务。

(8) 租赁期满，资产的处理方式。

(9) 租赁机构的信用度、经济实力，与承租人的配合情况。

3) 设备购买考虑的影响因素

对于购买设备的，除考虑租赁或购买都需要考虑的因素外，也应考虑以下影响因素。

(1) 设备的购置价格，设备价款的支付方式、支付币种和支付利率等。

(2) 设备的年运转费用和维修方式、维修费用。

(3) 保险费，包括购买设备的运输保险费，设备在使用过程中的各种财产保险费。

总之，企业是否作出租赁与购买决定的关键在于设备方案的技术经济可行性分析。因此，企业在决定进行设备投资之前，必须充分考虑影响设备租赁与购买的主要因素，才能获得最佳的经济效益。

6.4.2 设备租赁与购买方案的比选分析

设备方案的采用取决于备选方案在技术经济上的比较，比较的原则和方法与一般的互斥投资方案的比选方法相同。

1. 设备方案比选的步骤

1) 提出设备配置建议

根据企业生产经营目标和技术状况，提出设备配置的建议。

2) 拟定设备配置方案

拟定若干设备配置方案，包括购置(有一次性付款和分期付款购买)方案和租赁方案(有融资租赁和经营租赁两种方式)。

3) 定性分析筛选方案

定性分析包括企业财务能力分析和设备方案技术分析，具体内容如下。

(1) 企业财务能力分析。主要是分析企业的支付能力，如果企业不能一次筹集并支付全部设备价款，则去掉一次付款购置方案。

(2) 设备方案技术分析包括以下几点。

① 设备的配置方案，要根据生产工艺技术和生产能力研究选用主要设备，主要设备之间与其他设备之间应相互适应；要进行设备软件和硬件在内的专有技术和专利技术比较。

② 要研究设备在生产工艺上使用的成熟可靠性、技术上的先进性和稳定性，首先要研究关键设备特别是新设备在试用项目的使用情况，充分考虑设备零配件的供应以及超限设备运输的可能性。

③ 设备选用要与技术方案建设进度相匹配，应符合安全、节能、环保的要求，尽可能选择节能环保设备。

④ 对二手设备的选用要慎重。经论证确实需要二手设备时，需要说明对二手设备的考察情况、选用理由，二手设备的技术水平、能耗水平、环保及安全指标、利用改造措施及投资，并与当时水平的同类设备进行经济技术比较。

⑤ 设备选用应考虑管理与操作的适应性。考虑设备的日常维护与保养，零部件的更换和维修的方便性。

总之，定性分析的方法是设备选择中常用的方法。在分析时，对技术过时、风险大、保养维护复杂、使用时间短的设备，可以考虑经营租赁方案；对技术过时、风险小、使用时间长的大型专用设备则可以考虑融资租赁方案或购置方案。

4) 定量分析筛选方案

定量分析一般根据设备方案的投资和运营消耗，通过计算寿命周期费用现值和投资回收期等指标，结合其他因素(一般从设备参数、性能、物耗和能耗、环保、对原料的适应性、对产品质量的保证程度、备品备件保证程度、安装技术服务等)，择优选取设备方案。

2. 设备方案的经济比选方法

设备方案比选主要是租赁方案之间的比选、购置方案之间的比选、租赁方案与购置方案之间的比选。进行设备方案的经济比选，必须详细地分析各方案寿命期内各年的现金流量情况，据此分析方案的经济效果，确定以何种设备投入才能获得最佳效益。

1) 设备经营租赁方案的现金流量

采用设备经营租赁的方案，租赁费可以直接计入成本，但为使其与设备购置方案具有可比性，特将租赁费用从经营成本中分离出来，其现金流量如表 6-5 所示，其中，租赁费用主要包括租赁保证金、担保费、租金。

(1) 租赁保证金。为了确认租赁合同并保证其执行，承租人必须先交纳租赁保证金。当租赁合同结束时，租赁保证金将被退还给承租人，或在偿还最后一期租金时予以抵消。保证金一般按合同金额的一定比例计，或是某一基期数的金额(如一个月的租金额)。

表 6-5　设备经营租赁方案现金流量表

单位：万元

序　号	项　目	合　计	计 算 期					
			1	2	3	4	…	n
1	现金流入							
1.1	营业收入							
1.2	销项税额							
2	现金流出							
2.1	租赁费用							
2.2	经营成本							
2.3	进项税额							
2.4	应纳增值税							
2.5	营业税金及附加							
2.6	所得税							
3	净现金流量(1-2)							
4	累计净现金流量							

(2) 担保费。出租人一般要求承租人请担保人对该租赁交易进行担保，当承租人由于财务危机付不起租金时，由担保人代为支付租金。一般情况下，承租人需要付给担保人一定数目的担保费。

(3) 租金。租金是签订租赁合同的一项重要内容，直接关系到出租人与承租人双方的经济利益。出租人要从取得的租金中得到出租资产的补偿和收益，即要收回租赁资产的购进原价、贷款利息、营业费用和一定的利润。承租人则要比较租金核算成本。影响租金的因素很多，如设备的价格、融资的利息及费用、各种税金、租赁保证金、运费、租赁利差、各种费用的支付时间以及租金采用的计算公式等。

对于租金的计算主要有附加率法和年金法，具体内容如下所述。

① 附加率法。附加率法是在租赁资产的设备货价或概算成本上再加上一个特定的比率来计算租金。

每期租金 R 的表达式为：

$$R = P\frac{(1+N\times i)}{N} + P\times r \tag{6-16}$$

式中：P——租赁资产的价格；

N——租赁期数，其值取决于租赁资产预计使用寿命，租赁期可按月、季、半年、年计；

i——与租赁期数相对应的利率；

r——附加率。

【例 6-7】 租赁公司拟出租给某企业一台设备，设备的价格为 68 万元，租期为 5 年，每年年末支付租金，折现率为 10%，附加率为 4%，问每年租金为多少。

【解】 $R = 68\times\frac{(1+5\times 10\%)}{5} + 68\times 4\% = 23.12$ (万元)

② 年金法。年金法是将一项租赁资产价值按动态等额分摊到未来各租赁期间内的租金计算方法。年金法计算有期末支付和期初支付租金之分。

a. 期末支付方式是在每期期末等额支付租金。其支付方式的现金流量如图 6-3(a)所示，期末等额支付租金计算是等额系列现值计算的逆运算，期末支付租金 R 的表达式为：

$$R_a = P\frac{i(1+i)^N}{(1+i)^N - 1} \tag{6-17}$$

式中：R_a——每期期末支付的租金额；

P——租赁资产的价格；

N——租赁期数，其值取决于租赁资产预计使用寿命，租赁期可按月、季、半年、年计；

i——与租赁期数相对应的利率或折现率。

$\frac{i(1+i)^N}{(1+i)^N - 1}$——等额系列资金回收系数，用符号$(A/P, i, N)$表示。

b. 期初支付方式是在每期期初等额支付租金，期初支付要比期末支付提前一期支付租金，其支付方式的现金流量如图 6-3(b)所示。每期租金 R 的表达式为：

$$R_b = P\frac{i(1+i)^{N-1}}{(1+i)^N - 1} \tag{6-18}$$

式中：R_b——每期期初支付的租金额。

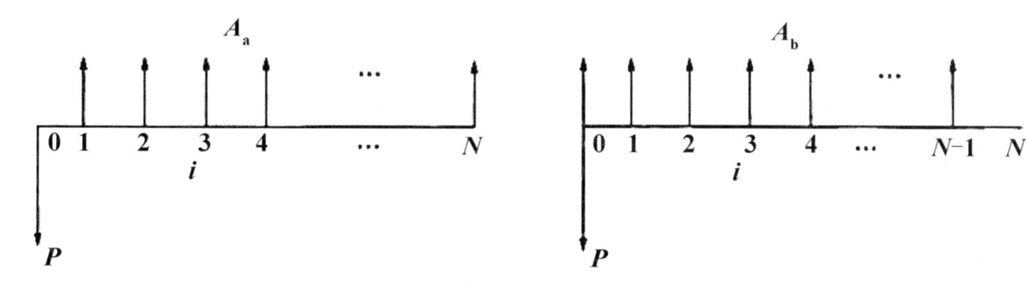

(a) 期末支付方式　　(b) 期初支付方式

图 6-3　年金法计算租金现金流量示意图

【例 6-8】 折现率为 12%，其余数据与例 6-7 相同，试分别计算按每年年末、每年年初支付方式计算租金。

【解】 若按年末支付方式，则

$$R_a = P\frac{i(1+i)^N}{(1+i)^N - 1} = 68\times\frac{12\%\times(1+12\%)^5}{(1+12\%)^5 - 1} = 18.86\,(\text{万元})$$

若按年初支付方式，则

$$R_b = P\frac{i(1+i)^{N-1}}{(1+i)^N - 1} = 68\times\frac{12\%\times(1+12\%)^{5-1}}{(1+12\%)^5 - 1} = 16.84\,(\text{万元})$$

2) 购买设备方案的现金流量

在与租赁设备方案相同的条件下，购买设备方案的现金流量如表 6-6 所示。

表 6-6　购买设备方案现金流量表

单位：万元

序　号	项　目	合　计	计算期					
			1	2	3	4	…	n
1	现金流入							
1.1	营业收入							
1.2	销项税额							
1.3	回收固定资产余值							
2	现金流出							
2.1	设备购置费							
2.2	经营成本							
2.3	贷款利息							
2.4	进项税额							
2.5	应纳增值税							
2.6	营业税金及附加							
2.7	所得税							
3	净现金流量(1−2)							
4	累计净现金流量							

3. 设备方案的经济比选

设备租赁就是在不同的租赁方案间比选，从而选择最佳的租赁方案。对于设备更新来说，既有可能是在不同设备购买方案之间比选，也有可能在不同设备租赁方案之间比选，还有可能在设备租赁方案与设备购买方案之间进行比选。但无论是哪类设备方案的经济比选，其本质都是互斥方案选优的问题，一般寿命相同时可以采用财务净现值(或费用现值)法；设备寿命不同时可以采用财务净年值(或年成本)法。无论用财务净现值(或费用现值)法，还是财务净年值(或年成本)法，均以收益效果较大(或成本较少)的方案为宜。

思考与练习

一、单项选择题

1. 某设备一年前购入后闲置至今，产生锈蚀。其间由于制造工艺改进，使该种设备制造成本降低，其市场价格也随之下降。那么，该设备遭受了(　　)。

A. 第一种有形磨损和第二种无形磨损

B. 第二种有形磨损和第一种无形磨损

C. 第一种有形磨损和第一种无形磨损

D. 第二种有形磨损和第二种无形磨损

2. 某施工企业欲租用一种施工设备，与商家甲谈妥每月租金为 2000 元，并支付了定金 200 元，定金不可退还。此后又有商家乙愿以每月 1700 元出租同样的设备。如果重新进行租用设备方案的比选，则沉没成本为(　　)元。

A. 200　　B. 300　　C. 1700　　D. 1900

3. 某设备物理寿命为 8 年，各年的动态年平均成本如下表，则其经济寿命为(　　)年。

使用年限	1	2	3	4	5	6	7	8
年均总成本	8 000	7 100	6 600	6 400	6 320	6 300	6 371	6 550

A. 5　　B. 6　　C. 7　　D. 8

4. 家用的半自动洗衣机经过多次维修也无法使用，因此准备购买全自动的新洗衣机，这一措施属于对(　　)。

A. 有形磨损的局部补偿　　B. 有形磨损的完全补偿
C. 无形磨损的局部补偿　　D. 无形磨损的完全补偿

5. 下列关于设备更新作用的描述中，错误的是(　　)。

A. 设备更新是对设备磨损的局部补偿
B. 设备更新可以对设备无形磨损进行补偿
C. 设备更新可以对设备有形磨损进行补偿
D. 设备更新是对设备在运行中消耗掉的价值的重新补偿

6. 下列关于设备寿命概念的描述中，正确的是(　　)。

A. 设备使用年限越长，设备的经济性越好
B. 设备的经济寿命是由技术进步决定的
C. 搞好设备的维修和保养可避免设备的有形磨损
D. 设备的技术寿命主要是由设备的无形磨损决定的

7. 对于设备不可消除性的有形磨损，采用的补偿方式是(　　)。

A. 保养　　B. 大修理　　C. 更新　　D. 现代化改装

8. 不能作为设备更新估算依据的是设备的(　　)寿命。

A. 技术　　B. 经济　　C. 自然　　D. 有效

9. 在下列关于设备磨损的表述中，错误的是(　　)。

A. 有形磨损造成设备的功能性陈旧　B. 有形磨损引起设备价值的贬值
C. 无形磨损的原因是技术进步　　D. 无形磨损的设备不能继续使用

10. 设备使用年限越长，每年所分摊的资产消耗成本(　　)。

A. 越多，运行成本越少　　B. 越少，运行成本越少
C. 越多，运行成本越多　　D. 越少，运行成本越多

11. 进行购置设备与租赁的方案比选，需要分析设备技术风险、使用维修特点，其中对(　　)的设备，可以考虑租赁设备的方案。

A. 技术过时风险小　　B. 保养维修简单
C. 保养维修复杂　　D. 使用时间长

12. 某施工企业拟租赁一施工设备，租金按附加率法计算，每年年末支付。已知设备的价格为 95 万元，租期为 6 年，折现率为 8%，附加率为 5%，则该施工企业每年年末应付租金为(　　)万元。

A. 17.89　　B. 20.58　　C. 23.43　　D. 28.18

13. 某租出设备价格为50万元，租期为5年，折现率为8%，附加率为4%，采用附加率法计算租金时，则每年租金不能低于(　　)万元。

A. 11.2　　B. 12.0　　C. 14.0　　D. 16.0

14. 租赁设备租金的计算方法主要有附加率法和(　　)。

A. 最小二乘法　　B. 移动平均法　　C. 残值法　　D. 年金法

15. 在进行设备购买与设备租赁方案经济比较时，应将购买方案与租赁方案视为(　　)。

A. 独立方案　　B. 相关方案　　C. 互斥方案　　D. 组合方案

16. 对承租人而言，租赁设备的租赁费用主要包括租赁保证金、租金和(　　)。

A. 贷款利息　　B. 折旧费用　　C. 运转成本　　D. 担保费

二、简答题

1. 设备的寿命形态分为几种？各自具体的含义是什么？
2. 简述设备的有形磨损和无形磨损的区别。

三、计算题

1. 设有一台设备，购置费为8 000元，预计残值600元，运营成本初始值为800元，年运行成本每年增长300元，求该设备的经济寿命。

2. 某单位进行设备更新，有两个方案，具体资料如下表所示，试分析该单位应选择哪个方案。

方　案	购 置 费	净 残 值	使用年限	使用费用	投资利率
A	40 000	3 000	8	5 000	8%
B	50 000	5 000	10	6 000	8%

3. 某型号轿车购置费为3万元，在使用中有如下表的统计资料，如果不考虑资金的时间价值，试计算其经济寿命。

使用年度 j	1	2	3	4	5	6	7
j 年度运营成本	5 000	6 000	7 000	9 000	11 500	14 000	17 000
n 年末残值	15 000	7 500	3 750	1 875	1 000	1 000	1 000

模块 7　价 值 工 程

<table>
<tr><td colspan="2">学习目标</td><td>(1)了解价值工程基本原理。
(2)掌握价值工程的工作程序及方法。
(3)掌握价值工程在工程项目方案评选中的应用。</td></tr>
<tr><td rowspan="2">重点和难点</td><td>重点</td><td>(1)寿命周期成本的理解。
(2)价值工程基本方法的应用。</td></tr>
<tr><td>难点</td><td>价值工程在工程项目方案评选中的应用。</td></tr>
<tr><td colspan="2">思政目标</td><td>思辨能力往往决定一个人的发展潜力，利用价值工程对方案进行比选时，涉及逻辑思辨的分析，可以引导学生加强辩证思维能力的培养。</td></tr>
</table>

7.1　价值工程概述

7.1.1　价值工程的产生与发展

价值工程概述(微课)

价值工程起源于第二次世界大战后的美国，早期的价值工程——著名的“石棉事件”就是一个典型的例子。当时在美国通用电气公司属下的奇异电器公司担任设计师的麦尔斯(价值工程理论创始人)发现，在汽车装配厂必须采用一种防火、隔热的石棉地板，但石棉地板短缺而且价格成倍上涨，他分析了石棉地板的使用功能是“铺在地上，在产品喷刷涂料时，避免沾污地板和引起火灾”，那么能否找到一种石棉板的代用品呢？带着问题，麦尔斯在市场调查中找到了一种价格低、采购容易且不易燃烧的纸，用它代替石棉板垫地，同样能起到防脏防火的作用，而且还能节约大量的开支。

经过反复的研究和多次实践，麦尔斯于 1947 年总结出一套在保证同样功能的前提下，降低成本的比较完整的科学方法，并以“价值分析”为题发表。

麦尔斯从分析功能、满足功能入手，找出不必要的工作环节，努力降低成本，最终取得了良好的效果。通用电气公司在开发价值工程技术上投入了 80 多万美元，而在应用价值工程的前十几年中就节约了两亿美元。此后价值工程在多个国家得到广泛的应用。价值工程是一门管理技术，又不同于一般的工业工程和全面质量管理技术。诞生于 20 世纪初的工

业工程，着重于研究作业、工序、时间及从材料到工艺流程等问题，这种管理技术主要是用来降低加工费用。20 世纪 20 年代创始的全面质量管理是按照设计图纸把产品可靠地制造出来，是从结果分析问题原因帮助消除不良产品的一种管理技术。但它们都是以产品设计图纸已给定的技术条件为前提的，因此，降低产品成本的措施都具有一定的局限性。而价值工程改变过去以物品或结构为中心的思考方法，从产品的功能出发，在设计过程中，重新审核设计图纸，对产品进行设计改进，把与用户需求功能无关的构配件消除掉，更改具有过剩功能的材质和构配件，设计出价值更高的产品。由于它冲破了原来设计图纸的界限，故能大幅降低成本。

价值工程与一般的投资决策理论也不同。一般的投资决策理论研究的是项目的投资效果，强调的是项目的可行性，而价值工程是研究如何以最少的人力、物力、财力和时间获得必要功能的技术经济分析方法，强调的是产品的功能分析和功能改进。

价值工程废弃了会计制度上沿用的事后成本和与产品费用无关的计算成本办法，采用以产品功能为中心分析成本的事前成本的计算方法，保证了成本的正确可靠性。

总之，价值工程是采用系统的工作方法，通过各相关领域的协作，对所研究对象功能与成本、效益与费用之间进行系统分析，不断创新，旨在提高所研究对象价值的思想方法和管理技术。

7.1.2 价值工程的概念与特点

1. 价值工程的概念

价值工程(Value Engineering，VE)是以提高产品或作业价值和有效利用资源为目的，通过有组织的创造性工作，寻求用最低的寿命周期成本，可靠地实现使用者所需的必要功能，以获得最佳综合效益的一种管理技术。其中，价值工程中“工程”的含义是指为实现提高价值的目标所进行的一系列分析研究的活动。

价值工程的定义，涉及价值、功能和寿命周期成本这三个基本概念。

1) 价值

价值工程中所述的“价值”是指作为某种产品(或作业)所具有的功能与获得该功能的全部费用的比值。也可以这样说，是指某种产品(作业或服务)的功能与成本(或费用)的综合反映，是功能与成本的比值，它表明产品(作业或服务)中所含功能的数量(或可满足用户的程度)与支付费用之间的量值关系。它不是对象的使用价值，也不是对象的交换价值，而是对象的比较价值，是作为评价事物有效程度的一种尺度提出来的。这种对比关系可以表示为一个数学公式：

$$V = F / C \tag{7-1}$$

式中：V——价值；

F——研究对象的功能，广义讲是指产品或劳务的功用和用途；

C——成本，指获得相应功能的寿命周期成本，即从研发、设计、试验、试制、生产、销售、使用、维修直到报废所花费费用的总和。

从式(7-1)中我们可以看出，价值工程中的价值是一种比较价值或相对价值的概念，对象的效用或功能越大，成本越低，价值就越大。

2) 功能

产品泛指以实物形态存在的各种产品，如材料、制成品、设备、建筑工程等；“作业”是指提供一定功能的工艺、工序、作业、活动、服务或它们的组成部分。功能是指产品或作业能够满足使用者某种需求的一种属性，即产品的用途。任何产品都具有自身的功能，如住宅的功能是提供居住空间，建筑物基础的功能是承受荷载等。

3) 寿命周期成本

寿命周期成本是指从分析对象被研究开发、设计制造、销售使用直到报废所发生的各项费用之和。寿命周期成本主要由生产成本、使用及维护成本组成。生产成本 C_1 是指用户购买产品的费用，包括产品的研发、设计、试制、生产、销售等费用。使用成本 C_2 是指用户使用产品过程中支付的各种费用，包括使用过程中的能耗、维修费用、人工费用、管理费用等。

产品功能与成本的关系如图 7-1 所示。

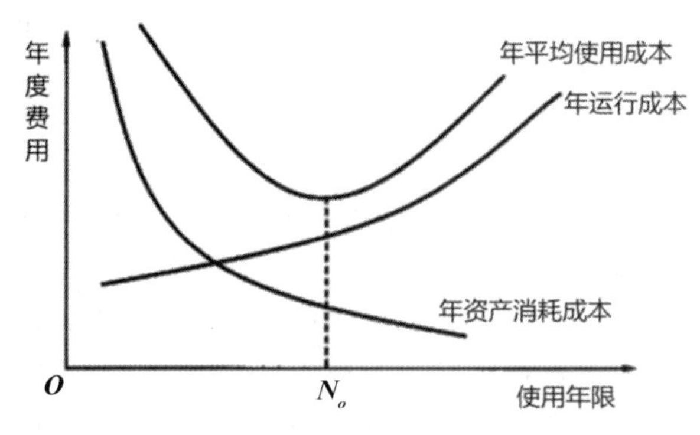

图 7-1　产品功能及成本曲线

图 7-1 中，C_1 为生产成本，C_2 为使用及维护成本，C 为寿命期总成本，其值等于 C_1 与 C_2 之和。从图 7-1 中可以看出，在一定范围内，产品的生产成本与使用及维护成本存在此消彼长的关系，即随着产品的功能水平提高，产品的生产成本提高，而使用及维护成本降低；反之，产品功能水平降低，生产成本降低，而使用及维护成本增高。产品的寿命期总成本随着功能的提高呈现出先降后升的趋势，即图中所示的马鞍形变化曲线，当功能值为 F_0 时，产品功能即能满足用户的需求，产品的生产成本 C_1 和使用及维护成本 C_2 两条曲线叠加所对应的寿命成本为最小值 $C_{\min}$，体现了较理想的功能与成本关系。由此可见，工程产品的寿命周期成本与其功能是辩证统一的关系。价值工程的核心，是对产品进行功能分析。价值工程的目标，就是以最低的寿命周期成本，使产品具备它所必须具备的功能。价值工程的活动应贯穿于生产和使用的全过程，要兼顾生产者和使用者的利益，以获得最佳的社会综合效益。

2. 价值工程的特点

由价值工程的概念可知，价值工程涉及价值、功能和寿命周期成本三个基本要素，它具有以下特点。

(1) 价值工程的目标，是以最低的寿命周期成本，使产品具备它所必须具备的功能。产品的寿命周期成本由生产成本和使用及维护成本组成。产品生产成本 C 是指发生在生产企

业内部的成本，也是用户购买产品的费用，包括产品的科研、实验、设计、试制、生产、销售等费用及税金等；而产品使用及维护成本 C_2 是指用户在使用过程中支付的各种费用的总和，它包括使用过程中的能耗费用、维修费用、人工费用、管理费用等，有时还包括报废拆除所需费用(扣除残值)。

(2) 价值工程的核心，是对产品进行功能分析。价值工程中的功能是指对象能够满足某种要求的一种属性，具体来说功能就是某种特定效能、功用或效用。对于一个具体的产品来说，问题“它是干什么用的？”的答案就是产品的功能。任何产品都具备相应的功能，假如产品不具备功能则产品就将失去存在的价值。例如手表有计时、显时的功能，电冰箱具有冷藏、冷冻的功能，住宅的功能是提供居住空间等。用户向生产企业购买产品，是要求生产企业提供这种产品的功能，而不是产品的具体结构。企业生产的目的，也是通过生产获得用户所期望的功能，而结构、材质等是实现这些功能的手段，目的是主要的，手段可以广泛选择。因此，价值工程分析产品，首先不是分析它的结构，而是分析它的功能，是在分析功能的基础之上，再去研究结构、材质等问题，从而在保证用户所需功能的同时降低成本，实现价值提高的目的。

(3) 价值工程将产品价值、功能和成本作为一个整体同时来考虑。在现实中，人们一般对产品(或作业)有“性价比”的要求，“性”就是反映产品(或作业)的性能和质量水平，即功能水平；“价”就是反映产品(或作业)的成本水平。价值工程并不是单纯追求低成本水平，也不片面追求高功能、多功能水平，而是力求正确处理好功能与成本的对立统一关系，提高它们之间的比值水平，研究产品功能和成本的最佳配置。因此，价值工程对价值、功能、成本的考虑，不是片面和孤立的，而是在确保产品功能的基础上综合考虑生产成本和使用及维护成本，兼顾生产者和用户的利益，创造出整体价值最高的产品。

(4) 价值工程强调不断改革和创新。开拓新构思和新途径，获得新方案，创造新功能载体，从而简化产品结构，节约原材料，提高产品的技术经济效益。

(5) 价值工程要求将功能定量化。即将功能转化为能够与成本直接相比的量化值。

(6) 价值工程是以集体智慧开展的有计划、有组织、有领导的管理活动。由于价值工程研究的问题涉及产品的整个寿命周期，涉及面广，研究过程复杂，如提高产品价值涉及产品的设计、生产、采购和销售等过程。这不能靠个别人员和个别部门来完成，而要经过许多部门和环节的配合，才能收到良好的效果。因此，企业在开展价值工程活动时，必须集中人才，要组织科研、设计、生产、管理、采购、供销、财务，甚至用户等各方面有经验的人员参加，以适当的组织形式组成一个智力结构合理的集体，共同研究，发挥集体智慧、经验和积极性，排除片面性和盲目性，博采众长，有计划、有领导、有组织地开展活动以达到提高方案价值的目的。

7.1.3　价值提升的途径

价值工程以提高产品价值为目的，这既是用户的需要，也是生产经营者追求的目标，两者的根本利益是一致的。因此，企业应当研究产品功能与成本的最佳匹配。价值工程的基本原理公式为：$V=F/C$，其不仅深刻地反映出产品价值与产品功能和实现此功能所耗成本之间的关系，而且也为如何提高价值提供了以下五种途径。

1) 双向型

在提高产品功能的同时，又降低产品成本，即 F 增大，C 减小，故 V 得到双向提高。这是提高价值最为理想的途径，也是对资源最有效的利用。但对生产者要求较高，往往要借助科学技术的突破和管理的改善才能实现。

2) 改进型

在产品成本不变的条件下，通过改进设计，提高产品的功能，提高利用资源的成果或效用(如提高产品的性能、可靠性、寿命、可维修性)，增加某些用户希望的功能等，达到提高产品价值的目的。即 F 增大，C 不变，二者比值 V 得到提高。

3) 节约型

保持产品功能不变的前提下，通过降低成本达到提高价值的目的。即 F 不变，C 减小，二者比值 V 也可得到提高。由于科学技术水平和劳动生产率是在不断提高的，所以消耗在某种功能水平上的产品的费用应不断降低。

4) 投资型

产品功能有较大幅度提高，产品成本有较少提高。即成本虽然增加了一些，但功能的提高超过了成本的提高，因此价值还是提高了。

5) 牺牲型

在产品功能略有下降、产品成本大幅降低的情况下，也可达到提高产品价值的目的。这种情况下功能虽然降低了些，但仍能满足顾客对产品的特定功能要求。以微小的功能下降换得成本较大的降低，最终也是提高了产品的价值。

上述五种提高价值的途径，可归纳为表 7-1。

表 7-1　提高价值的途径

类型 项目	双向型	改进型	节约型	投资型	牺牲型
F	提高	提高	不变	大幅提高	略有下降
C	降低	不变	降低	较少提高	大幅降低
$V=F/C$	提高	提高	提高	提高	提高

总之，在产品形成的各个阶段都可以运用价值工程提高产品的价值。但在不同的阶段进行价值工程活动，其经济效果的提高幅度却是大不相同的。对于大型复杂的产品，应用价值工程的重点是在产品的设计和规划阶段，一旦图纸已经设计完成并投入生产，产品的价值就基本决定了，这时再进行价值工程分析就会使流程变得更加复杂。不仅原来的许多工作成果要付之东流，而且改变生产工艺、设备工具等可能会造成很大的浪费，使价值工程活动的技术经济效果大大下降。因此，价值工程活动更侧重于产品的研制与设计阶段，以寻求技术突破，取得最佳的综合效果。

7.2 价值工程的实施步骤

价值工程在工程项目方案评选中的应用(微课)

7.2.1 价值工程的工作程序

价值工程也像其他技术一样，具有自己独特的一套工作程序。价值工程的工作程序，实质就是针对产品的功能和成本提出问题、分析问题、解决问题的过程。其工作步骤如表 7-2 所示。

表 7-2 价值工程的工作程序

<table>
<tr><th rowspan="2">工作阶段</th><th rowspan="2">工作程序</th><th colspan="2">工作步骤</th><th rowspan="2">价值工程的问题</th></tr>
<tr><th>基本步骤</th><th>详细步骤</th></tr>
<tr><td rowspan="2">准备阶段</td><td rowspan="2">制订工作计划</td><td rowspan="2">确定对象</td><td>1.对象选择</td><td rowspan="2">研究对象是什么</td></tr>
<tr><td>2.信息资料搜集</td></tr>
<tr><td rowspan="5">分析阶段</td><td rowspan="5">功能评价</td><td rowspan="2">功能分析</td><td>3.功能定义</td><td rowspan="2">它的功能是什么</td></tr>
<tr><td>4.功能整理</td></tr>
<tr><td rowspan="3">功能评价</td><td>5.功能成本分析</td><td>它的成本是多少</td></tr>
<tr><td>6.功能评价</td><td rowspan="2">它的价值是多少</td></tr>
<tr><td>7.确定改进范围</td></tr>
<tr><td rowspan="5">创新阶段</td><td>初步设计</td><td rowspan="5">制订方案</td><td>8.方案创造</td><td>有无其他方法实现同样功能</td></tr>
<tr><td rowspan="3">评价各设计方案，改进、优化方案</td><td>9.概略评价</td><td rowspan="3">新方案的成本是多少</td></tr>
<tr><td>10.调整完善</td></tr>
<tr><td>11.详细评价</td></tr>
<tr><td>方案书面化</td><td>12.提出方案</td><td>新方案能满足功能的要求吗</td></tr>
<tr><td rowspan="3">实施阶段</td><td rowspan="3">检查实施情况并评价活动成果</td><td rowspan="3">方案实施与成果评价</td><td>13.方案审批</td><td rowspan="3">能实现预定目标吗</td></tr>
<tr><td>14.方案实施与检查</td></tr>
<tr><td>15.成果评价</td></tr>
</table>

7.2.2 价值工程的准备工作

1. 价值工程的对象选择

在工程建设中，并不是对所有的工程产品(或作业)都进行价值分析，而是主要从企业的发展方向、市场预测、用户反映、存在问题、薄弱环节以及提高劳动生产率、提高质量、降低成本等方面来选择分析对象。因此，价值工程的对象选择过程就是收缩研究范围的过程，最后明确分析研究的目标，即主攻方向。一般来说，主要从以下几方面考虑价值工程对象的选择。

(1) 从设计方面看，对结构复杂、性能和技术指标差、体积和重量大的工程产品进行价值工程活动，可使工程产品结构、性能、技术水平得到优化，从而提高工程产品价值。

(2) 从施工生产方面看，对量大面广、工序烦琐、工艺复杂、原材料和能源消耗高、质量难以保证的工程产品，进行价值工程活动可以最低的寿命周期成本可靠地实现必要功能。

(3) 从市场方面看，选择用户意见多和竞争力差的工程产品进行价值工程活动，以赢得消费者的认同，占领更大的市场份额。

(4) 从成本方面看，选择成本高或成本比重大的工程产品，进行价值工程活动可降低工程产品成本。

价值工程对象选择的方法有很多种，不同方法适用于不同的价值工程对象，根据企业条件选用适宜的方法，就可以取得较好效果。常用的方法有因素分析法、ABC 分析法、强制确定法、百分比分析法、价值指数法等。

1) 因素分析法

因素分析法又称经验分析法，是一种定性分析方法。这种方法是依据分析人员的经验而作出的选择，它的优点是简便易行，考虑问题综合全面。缺点是缺乏定量的数据，准确性较差，对象选择的正确与否主要取决于参加者的水平与态度。为了消除和克服缺点，可以挑选经验丰富、熟悉业务的人员参加，通过集体研究，共同确定分析对象。在实践中，也可将因素分析法与其他方法结合使用，以取得更好的经济效果。

2) ABC 分析法

ABC 分析法又称帕累托分析法或巴雷托分析法、分类管理法、物资重点管理法，平常我们也称之为“80 对 20”规则，帕累托通过长期的观察发现：美国 80%的人只掌握了 20%的财产，而另外 20%的人却掌握了全国 80%的财产，而且很多事情都符合该规律。于是他应用此规律到生产上。其基本原理为“关键的占少数和次要的占多数”，抓住关键点的少数可以解决问题的大部分。在价值工程中，其工作的思路为：将企业的产品或产品的各个部件按其成本大小由高到低进行排列，然后绘制成费用累计分配图，一般可分为 A、B、C 三类，如图 7-2 所示。

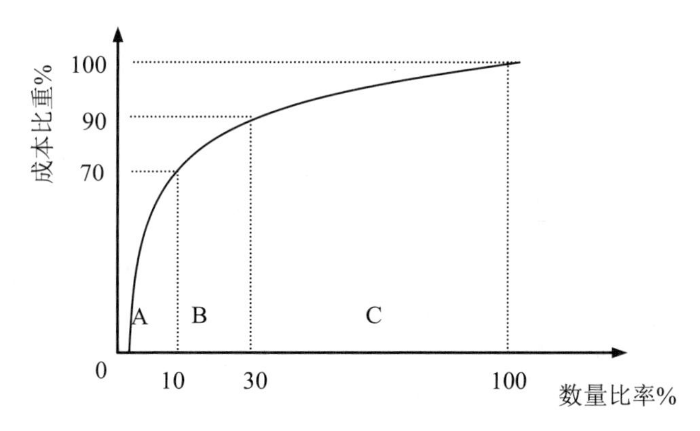

图 7-2　成本累计分配图

A 类：数量比率占 10%～20%，成本费用占总成本的比重为 70%～80%，一般作为价值工程的主要研究对象。

C 类：数量比率占 60%～80%，成本占总成本的比重为 5%～10%，一般不宜作为价值工程的研究对象。

其余为 B 类。

从图 7-2 中可知，A 类为累计成本 0～70%的对象，B 类为累计成本 70%～90%的对象，C 类为累计成本 90%～100%的对象。

【例 7-1】 某住宅楼工程基础部分各分项工程的造价如表 7-3 所示，用 ABC 分析法确定该基础工程可能作为价值工程研究对象的分项工程。

表 7-3　某住宅楼基础工程分项工程 ABC 分类表

序　号	分项工程名称	成本/元	累计分项工程数	累计分项工程数百分比/%	累计成本/元	累计成本百分比/%	分类
1	C30 带形钢筋混凝土基础	63 436	1	5.88	63 436	39.5	
2	干铺土石屑垫层	29 119	2	11.76	92 555	57.64	A
3	回填土	14 753	3	17.65	107 308	66.83	
4	商品混凝土运费	10 991	4	23.53	118 299	73.67	
5	C10 混凝土基础垫层	10 952	5	29.41	129 251	80.49	B
6	排水费	10 487	6	35.29	139 738	87.02	
7	C30 独立式钢筋混凝土基础	6 181	7	41.18	145 919	90.87	
8	C10 带形无筋混凝土基础	5 638	8	47.06	151 557	94.38	
9	C30 矩形钢筋混凝土柱	2 791	9	52.94	154 348	96.12	
10	M5 砂浆砌砖基础	2 202	10	58.82	156 550	97.49	
11	挖土机挖土	2 058	11	64.71	158 608	98.77	
12	推土机场外运费	693	12	70.59	159 301	99.20	C
13	履带式挖土机场外运费	529	13	76.47	159 830	99.53	
14	满堂脚手架	241	14	82.35	160 071	99.68	
15	平整场地	223	15	88.24	160 294	99.82	
16	槽底钎探	197	16	94.12	160 491	99.94	
17	基础防潮底	89	17	100	160 580	100	
	总成本	160 580					

【解】 将各分项工程按成本由大到小进行排序，并计算出各分项工程的累计数量及累计成本百分比。从表中数据可知，1～3 项的累计成本达到了 70%以内，故为 A 类工程，应选为主要研究对象；4～6 项的累计成本在 70%～90%，故为 B 类工程，应选为次要研究对象；其余为 C 类对象，可不选为研究对象。

3) 强制确定法

强制确定法是以功能重要程度作为选择价值工程对象的一种分析方法。其具体步骤是：首先进行功能评分，求出功能系数和成本系数，然后得出价值系数。依据价值系数的计算结果分析对象的功能与成本是否相称，若不相称，应选价值低的对象为价值工程的研究对象。

强制确定法从功能与成本两方面综合考虑，以定量分析的方法确定价值工程的研究对

象。但这种方法是依据人的主观印象进行打分，因此不能准确地反映出功能差距的大小。如果零部件间功能差别不大且分布比较均匀，而且一次分析的零部件数目不太多时(一般不宜超过 10 个)，可采用强制确定法。当零部件很多时，可先用因素分析法、ABC 分析法选出重点零部件，再用强制确定法细选。也可以用逐层分析法，从部件选起，然后在重点部件中选出重点部件。

4) 百分比分析法

百分比分析法是通过分析某种费用或资源对企业的某个技术经济指标的影响程度大小(百分比)来选择价值工程对象。

5) 价值指数法

价值指数法是通过比较各个对象(或零部件)之间的功能水平位次和成本位次，将价值较低对象(或零部件)作为价值工程研究对象。

2. 信息资料收集

价值工程所需的信息资料，应视具体情况而定。对于一般工程产品(或作业)分析来说，应收集以下几方面的信息资料。

(1) 用户方面的信息资料，如用户性质、经济能力；使用产品的目的、使用环境、使用条件；所要求的功能和性能；对产品外观要求，如造型、体积、色彩等；对产品价格、交货期、构配件供应、技术服务等方面的要求。

(2) 市场方面的信息资料，如产品产销量的演变及目前产销情况、市场需求量及市场占有率的预测；产品竞争的情况，目前有哪些竞争企业和产品，其产量、质量、价格、销售服务、成本、利润、经营特点、管理水平等情况；同类企业和同类产品的发展计划、拟增投资额、规模大小、重新布点、扩建改建或合并调整情况等。

(3) 技术方面的信息资料，如与产品有关的学术研究或科研成果、新结构、新工艺、新材料、新技术以及标准化方面的资料；该产品研制设计的历史及演变、本企业产品及国内外同类产品有关的技术资料等。

(4) 经济方面的信息资料，包括产品及构配件的工时定额、材料消耗定额、机械设备定额、各种费用定额、企业历年来各种有关成本费用数据、国内外其他厂家与价值工程对象有关的成本费用资料等。

(5) 本企业的基本资料，包括企业的内部供应、生产、组织，以及产品成本等方面的资料，如生产批量、生产能力、施工方法、工艺装备、生产节拍、检验方法、废次品率、运输方式等。

(6) 环境保护方面的信息资料，包括环境保护的现状，“三废”状况，处理方法和国家法规标准；改善环境和劳动条件，减少粉尘、有害液体和气体外泄，减少噪声污染，减轻劳动强度，保障人身安全等相关信息。

(7) 外协方面的信息资料，如原材料及外协或外购件种类、质量、数量、交货期、价格、材料利用率等情报；供应与协作部门的布局、生产经营情况、技术水平、价格、成本、利润等；运输方式及运输经营情况等。

(8) 政府和社会有关部门的法规、条例等方面的信息资料。

信息资料的收集不是一项简单的工作，应收集何种信息资料很难完全列举出来。但收

集的信息资料要求准确可靠，并且要经过归纳、鉴别、分析、整理，剔除无效资料，使用有效资料，以利于价值工程活动的分析研究。

7.2.3 价值工程的分析与评价

功能分析是价值工程活动的核心和基本内容。它通过分析信息资料，用一定的方式描述各对象的功能，明确功能特性要求，并绘制功能系统图，从而弄清楚各功能之间的关系。

1. 功能分类

根据功能的不同特性，可作如下分类。

(1) 按重要程度分类，可分为基本功能和辅助功能。

(2) 按性质分类，可分为使用功能和美学功能。

(3) 按量化标准分类，可分为过剩功能和不足功能。

(4) 按用户的需求分类，可分为必要功能和不必要功能。

必要功能是指用户所要求的功能以及实现用户所需求功能有关的功能，使用功能、美学功能、基本功能、辅助功能等均可能成为必要功能；不必要功能是指不符合用户要求的功能。不必要功能包括三类：一是多余功能；二是重复功能；三是过剩功能。不必要的功能很可能产生不必要的费用，这不仅增加了用户的经济负担，而且还浪费资源。因此，价值工程所指的功能，通常是指其必要功能，即充分满足用户要求的功能。

(5) 按总体与局部分类，可分为总体功能与局部功能。

上述分类有助于分辨和确定各种功能的性质和重要程度。价值工程正是抓住产品功能这一本质，通过对产品功能的分析研究，正确、合理地确定产品的必要功能，消除不必要功能，加强不足功能，削弱过剩功能，改进设计，降低产品成本。

2. 功能定义

功能定义就是对价值工程对象的作用或效用作出确切的表述。这种表述应能抓住功能的本质，确定功能的内容。

功能定义的目的是明确用户对功能的要求，便于进行功能评价，开拓改进思路。功能定义的语言应简明准确，一般用一个动词加一个名词来描述。例如，电梯的功能是“运输重物”，电线的功能是“传送电流”，门的功能是“控制道路”。为使实现功能的各种方法、设想不受限制，动词常选用比较抽象的词，而名词最好选好用能够计量的词。

3. 功能整理

功能整理就是按照一定的逻辑体系，把价值工程对象各组成部分的功能相互连接起来，从局部功能与整体功能的相互关系上分析对象的功能系统。功能整理的目的是真正掌握对象的必要功能。

功能整理一般有两种方法，一是列表法，二是画功能系统图，而后者最为常用。

画功能系统图首先要确定最上位功能，然后逐个明确功能的关系。最上位功能常常就是最重要的基本功能，它代表了分析对象的最终目的。明确功能关系，就是搞清楚各功能之间是上下关系还是并列关系。上下关系即上位功能和下位功能的关系，在一个功能系统中，上位功能是目的，下位功能是实现上位功能的手段；并列关系是指处于同等地位的二个或二个以上功能的关系，它们都是为了实现同一个目的而必须具备的手段。按照上述原理把功能排列起来，就形成如图 7-3 所示的功能系统图。图 7-4 为功能系统图的一个具体例子。

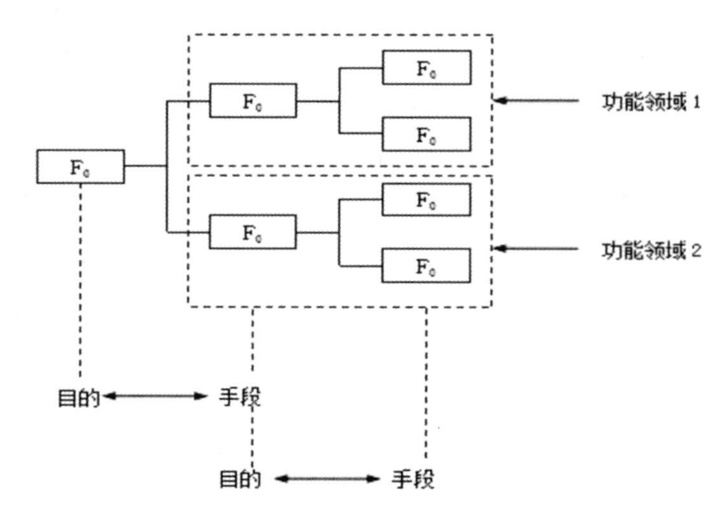

图 7-3 功能系统图的一般形式

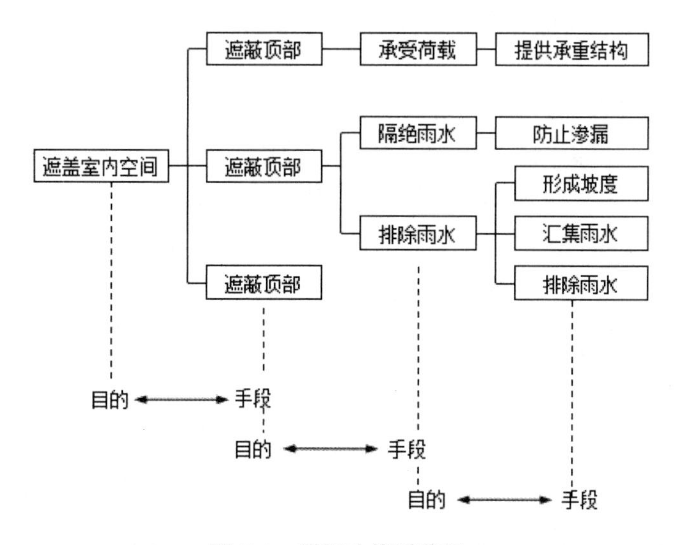

图 7-4 屋顶功能系统图

4. 功能评价

功能评价就是在功能分析的基础上对功能的价值进行测评，即对功能的定量分析。根据功能评价评出的数据，将那些功能价值低、改善期望值大的功能作为开展价值工程的重点对象。具体方法是在已经明确的功能系统图的基础上，测定各个功能的价值系数，根据价值系数的大小来评定功能价值的高低。

目前常用的功能评价方法有两种：功能成本法和功能评价系数法。

1) 功能成本法

功能成本法又称为绝对值法，是通过一定的测算方法，测定实现应有功能所必须消耗

的最低成本，同时计算为实现应有功能所耗费的目前成本，经过分析、对比，求得对象的价值系数和成本降低期望值，从而确定价值工程的改进对象。

其基本思路是，实现分析对象某一功能可以有几个方案，对应几个成本，其中最低的成本为目标成本 C_a，C_a 与相应的目前成本 C_0 之比为该功能的价值系数，C_a 与 C_0 之差为该功能的成本降低期望值。具体做法如下。

第一步，确定分析对象的全部零部件的目前成本，如表 7-4 第二列所示。

表 7-4　功能成本分摊表

零部件名称	成　本	功能区域			
		F1	F2	F3	F4
甲	30	30	—	—	—
乙	50	—	20	30	—
丙	10	—	—	10	—
丁	5	—	—	—	5
戊	20	—	5	6	9
合计		30	25	46	14

第二步，根据功能系统图划分功能区域，并将零部件成本转换成功能成本。

第三步，确定功能的目标成本。一般可从每个功能的初步改进方案中找出最低的成本方案作为功能的目标成本。

第四步，计算各功能价值系数和降低成本期望值，如表 7-5 所示。即

$$价值系数=功能评价值/功能现实成本$$

$$成本降低期望值=功能现实成本-功能评价值$$

表 7-5　各功能的价值系数和降低成本期望值表

功能区域	目前成本	目标成本	价值系数	降低成本期望值
F1	30	20	20/30=0.67	30−20=10
F2	25	22	22/25=0.88	25−22=3
F3	46	40	40/46=0.87	46−40=6
F4	14	7	7/14=0.50	14−7=7

第五步，确定价值工程的改进对象。

通过价值的定义式 $V=F/C$，对价值系数的值进行分析比较，可以选择出价值工程重点改进对象。通常，F 是功能的最低成本，常用作功能成本的降低目标，称为目标成本。C 与 F 的差值就是功能成本的降低幅度，或称改善期望值。改善期望值大的功能常常被选为价值工程活动的重点对象。

当 $V=1$ 时，说明 $C=F$，即实现功能的目前成本与目标成本相符合，功能与成本对应得较为合理。

当 $V>1$ 时，说明 $C<F$。对此，首先应先检查功能评价值是否定得合理，若是 F 定得太高，则应降低 F 值；其次，如果 F 值定得合理，则要检查 C 值低的原因。若由于功能不足

造成 C 值偏低，就应该提高功能以适应用户的需要。

当 $V<1$ 时，说明 $C>F$，即实现功能的目前成本高于功能评价值，应努力降低其功能的目前成本，提高其价值。这样的功能是价值工程的重点改进对象。

2) 功能评价系数法

功能评价系数法又称相对值法，是通过评定各对象功能的重要程度，用功能指数来表示其功能程度的大小，然后将评价对象的功能指数与相对应的成本指数进行比较，得出该评价对象的价值指数，从而确定改进对象，并求出该对象的成本改进期望值。

(1) 功能系数的计算。功能系数又称功能评价系数、功能重要度系数，是指评价对象功能(或零部件)在整体功能中所占的比率，是用人为评分方法得到的，即

功能系数=某功能的重要性得分/所有功能的重要性总分

常用的评分方法有强制确定法、04 评分法。

强制确定法又称 01 法，是采用一定的评分规则，用强制对比打分来评定评价对象的功能系数。具体做法是：首先将各功能一一对比，重要者得 1 分，不重要者得 0 分；然后，为防止功能系数中出现零的情况，用各加 1 分的方法进行修正；最后，用修正得分除以总得分即为功能系数，其过程如表 7-6 所示。

表 7-6 强制确定法评分表

功能	F1	F2	F3	F4	F5	得分	修正得分	功能系数
F1	×	0	0	1	1	2	3	3/15=0.20
F2	1	×	1	1	1	4	5	5/15=0.33
F3	1	0	×	1	1	3	4	4/15=0.27
F4	0	0	0	×	0	0	1	1/15=0.07
F5	0	0	0	1	×	1	5	2/15=0.13
合计						10	15	1.00

04 评分法的具体步骤与原理和强制确定法相似，也是两两对比，按功能重要性评分。只是在功能一对一评分时，分 0～4 五个重要性评分档次。档次划分如下：非常重要的得 4 分，其比较对象得 0 分；较重要的得 3 分，其比较对象得 1 分；同等重要的各得 2 分；自身相比不得分，其评分过程如表 7-7 所示。

表 7-7 04 评分法评分表

功 能	F1	F2	F3	F4	得 分	功能系数
F1	×	3	4	2	9	9/24=0.375
F2	1	×	3	1	5	5/24=0.208
F3	0	1	×	0	1	1/24=0.042
F4	2	3	4	×	9	9/24=0.375
合计					24	1.00

(2) 成本系数的计算。成本系数是指评价对象的目前成本在全部成本中所占的比率，即

成本系数=某功能的现实成本/产品成本(或所有功能现实成本之和)

【例 7-2】 某产品的 6 种功能是由 5 种零部件实现的，功能成本及各功能现实成本如表 7-8 所示，计算各功能成本系数。

表 7-8　功能现实成本计算表

零部件名称	成本系数	现实成本	功能成本					
		C0	F1	F2	F3	F4	F5	F6
甲	0.30	3 000	1 000		1 000		1 000	
乙	0.20	2 000		500		1 500		
丙	0.25	2 500	500		500			1 500
丁	0.15	1 500		1 000		500		
戊	0.10	1 000			400		600	
合计 ΣC	1.00	10 000	1 500	1 500	1 900	2 000	1 600	1 500
成本系数 c			0.15	0.15	0.19	0.20	0.16	0.15

【解】 功能现实成本的计算步骤是：首先将与功能相对应的零部件名称及现实成本填入表 7-8 中；然后将功能领域填入表中；再将各零部件的现实成本逐一按其为实现多功能提供的成本分配至各功能领域，例如丙部件提供了三种功能——F1、F3、F6，则将丙部件现实成本 2 500 元按上述思想分配到三种功能中。计算过程如表 7-8 所示。

(3) 价值系数的计算。在功能系数和成本系数均计算出来后，可计算其价值系数。即

价值系数=功能系数/成本系数

(4) 确定价值工程的改进对象。价值系数等于 1，此时评价对象的功能比重与成本比重大致平衡，合理匹配，可以认为功能的现实成本是比较合理的。

价值系数小于 1，此时评价对象的成本比重大于其功能比重，表明相对于系统内的其他对象而言，目前所占成本偏高，从而会导致该对象的功能过剩。应将评价对象列为改进对象，改善方向主要是降低成本。

价值系数大于 1，此时评价对象的成本比重小于其功能比重。出现这种结果的原因可能有三个：第一个原因是现实成本偏低，不能满足评价对象实现其应具有的功能的要求，致使对象功能偏低，这种情况应列为改进对象，改善方向是增加成本；第二个原因是对象目前具有的功能已经超过了其应该具有的水平，即存在过剩功能，这种情况也应列为改进对象，改善方向是降低功能水平；最后一个原因是对象在技术、经济等方面具有某些特征，在客观上存在着功能很重要而需要消耗的成本却很少的情况，这种情况一般就不必列为改进对象了。

7.3　方案的创新与评价

7.3.1　方案的创新

方案创造是从提高对象的功能价值出发，在正确的功能分析和评价的基础上，针对应改进的具体目标，通过创造性的思维活动，提出能够可靠地实现必要功能的新方案。

方案创造的理论依据是功能载体具有替代性。方案创造的方法有很多种，如头脑风暴法、歌顿法(模糊目标法)、专家意见法(德尔菲法)、专家检查法等。总的目标是要充分发挥各有关人员的智慧，集思广益，多提方案，从而为评价方案创造条件。

7.3.2　方案的评价

方案评价是在方案创造的基础上对若干新构思的方案进行技术、经济、社会和环境效果等方面的评价，以便选择最佳方案。方案评价分为概略评价和详细评价两个阶段，其过程如图 7-5 所示。

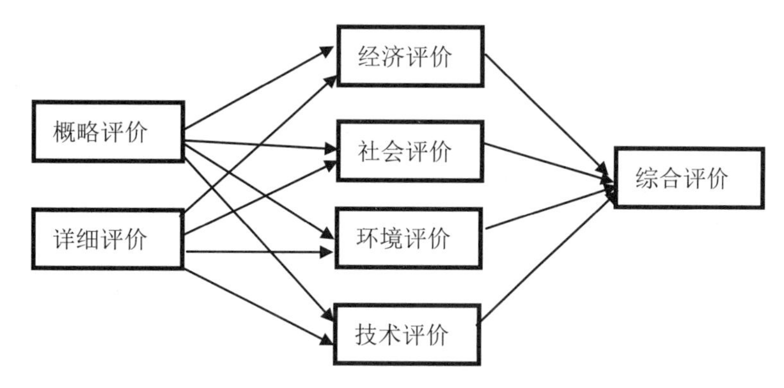

图 7-5　方案评价步骤示意图

概略评价是对新构思方案进行初步研究，其目的是从众多的方案中进行粗略的筛选，以减少详细评价的工作量，使精力集中于优秀方案的评价。

详细评价是对经过筛选后的少数方案再具体化，通过进一步的调查、研究和评价，最终选出最令人满意的方案。其评价结论是方案审批的依据。

不论是概略评价还是详细评价，方案评价都包括技术评价、经济评价、社会评价和环境评价四方面。其中，技术评价围绕功能进行，内容是方案能否实现所需功能以及实现程度，包括功能实现程度(性能、质量、寿命等)、可靠性、可维修性、可操作性、安全性、系统协调性、环境协调性等。经济评价围绕经济效果进行，内容是以成本为代表的经济可行性，包括费用的节省、对企业或公众产生的效益，同时还应考虑产品的市场情况，同类竞争企业、竞争产品，产品盈利的多少和能保持盈利的年限。社会评价围绕社会效果进行，内容是方案对社会有利或有害的影响。环境评价围绕环境效果进行，内容是方案对环境的影响，如污染、噪声、能源消耗等。最后进行综合评价，选出最佳方案。

【例 7-3】某开发商拟开发一幢商住楼，有三种可行设计方案，方案一单方造价为 1 458 元/m^2，方案二单方造价为 1 108 元/m^2，方案三单方造价为 1 088 元/m^2。经专家论证设置了结构体系 F1、模板类型 F2、墙体材料 F3、面积系数 F4、窗户类型 F5 等五项功能指标，对各方案进行功能评价，各功能权重和各方案得分如表 7-9 所示。试应用价值工程的方法选择最优设计方案。

根据功能权重和各方案功能得分表的相关数据，可以计算出各方案的加权得分，再将各方案功能加权得分为分子，各方案功能加权得分合计为分母，二者相除得到功能指数。具体数据如表 7-10 所示。

表 7-9　方案功能权重及各方案得分

方案功能	功能权重	方 案 一	方 案 二	方 案 三
结构体系 F1	0.25	10	10	8
模板类型 F2	0.05	10	10	9
墙体材料 F3	0.25	8	9	7
面积系数 F4	0.30	9	8	7
窗户类型 F5	0.15	9	7	8

表 7-10　各方案的功能指数计算表

功　能	功能权重	各方案功能加权得分		
		方 案 一	方 案 二	方 案 三
结构体系 F1	0.25	0.25×10	0.25×10	0.25×8
模板类型 F2	0.05	0.05×10	0.05×10	0.05×9
墙体材料 F3	0.25	0.25×8	0.25×9	0.25×7
面积系数 F4	0.30	0.30×9	0.30×8	0.30×7
窗户类型 F5	0.15	0.15×9	0.15×7	0.15×8
合计	1.00	9.05	8.70	7.50
功能指数		0.358	0.346	0.297

由于三个方案的工程单方造价分别为 1 458 元/m^2、1 108 元/m^2、1 088 元/m^2，与功能指数的计算类似，以各方案造价为分子，各方案造价的合计为分母，二者相除后得到各方案的成本指数，具体数据如表 7-11 所示。

表 7-11　各方案成本指数计算表

方　案	方 案 一	方 案 二	方 案 三	合　计
单方造价/元	1 458	1 108	1 088	3 654
成本指数	0.3990	0.303 2	0.297 8	1.00

依据各方案的功能指数和成本指数的计算结果，可以计算出各方案的价值指数，具体数据如表 7-12 所示。

表 7-12　各方案计算表价值指数

方　案	方 案 一	方 案 二	方 案 三
功能指数	0.358	0.346	0.297
成本指数	0.399 0	0.303 2	0.297 8
价值指数	0.897 2	1.141 2	0.997 3

由计算结果可知，方案二的价值指数最高。当几个方案相比较时，价值指数最高的方案为最优方案，故应选择方案二。与其他方案相比，虽然方案二为最优方案，但仍然不是最完美的方案，价值工程工作人员在实际工作过程中还应针对存在的问题，运用价值工程进行进一步优化。

为控制工程造价和进一步降低费用，拟针对所选的最优设计方案的土建工程部分，以工程材料费为对象展开价值工程分析。将土建工程划分为四个功能项目，各功能项目评分值及其目前成本如表 7-13 所示。按限额设计要求，目标成本应控制为 12 170 万元。

表 7-13　各功能项目评分值及目前成本

单位：万元

功能项目		功能评分	目前成本
A	桩基础围护工程	10	1 520
B	地下室工程	11	1 482
C	主体结构工程	35	4 705
D	装饰工程	38	5 105
合计		94	12 812

试分析各功能项目的目标成本及其可能降低的额度，并确定功能改进的顺序。

根据功能得分表的相关数据，以各方案功能得分合计为分母，各方案功能得分为分子，二者相除得到功能指数。计算结果如表 7-14 所示。

表 7-14　各方案的功能指数计算表

功能项目		功能评分	功能指数
A	桩基础围护	10	0.106 4
B	地下室工程	11	0.117 0
C	主体结构工程	35	0.372 3
D	装饰工程	38	0.404 3
	合计	94	1.000 0

通过功能的目标成本值 12 170 万元乘以各功能的功能系数得到各功能的目标成本，再以各功能的目前成本减去目标成本得出其成本降低期望值，计算结果如表 7-15 所示。

表 7-15　各方案成本降低期望值

单位：万元

功能项目		功能评分	功能指数	目前成本	目标成本	成本降低期望值
A	桩基础围护	10	0.106 4	1 520	1 295	225
B	地下室工程	11	0.117 0	1 482	1 424	58

续表

功能项目		功能评分	功能指数	目前成本	目标成本	成本降低期望值
C	主体结构工程	35	0.372 3	4 705	4 531	174
D	装饰工程	38	0.404 3	5 105	4 920	185
	合计	94	1.000 0	12 812	12 170	642

通过成本改善期望值的大小可以确定功能改进顺序依次为桩基础围护工程、装饰工程、主体结构工程、地下室工程。

思考与练习

一、单项选择题

1. 某产品各零部件功能重要程度采用 0-1 打分法，评分结果见下表，在不修正各功能累计的得分的前提下，零部件 C 的功能重要性系数为(　　)。

	A	B	C	D	E
A	×				
B	0	×			
C	1	0	×		
D	0	1	0	×	
E	0	1	1	0	×

A. 0.1　　B. 0.2　　C. 0.3　　D. 0.4

2. 将产品功能分为基本功能和辅助功能，是按照(　　)标准来划分的。

A. 性质　　B. 重要程度　　C. 用户需求　　D. 功能量化

3. 在价值工程的工作程序中，功能评价阶段的主要工作内容是(　　)。

A. 确定价值工程的研究对象　　B. 确定研究对象的成本和价值
C. 整理和定义研究对象的功能　　D. 分析实现研究对象功能的途径

4. 在价值工程活动中，所绘制的功能系统图是指按照一定的原则和方式将定义的功能连接起来的一个完整的功能体系。在该体系中，上级功能和下级功能分别是指(　　)。

A. 基本功能和辅助功能　　B. 必要功能和过剩功能
C. 使用功能和美学功能　　D. 目标功能和手段功能

5. 手电筒的基本功能应定义为(　　)。

A. 照明　　B. 发光　　C. 通电　　D. 照亮

二、简答题

1. 价值工程中价值的含义是什么？提高产品的价值有哪些途径？
2. 价值工程的含义是什么？
3. 什么是寿命周期成本？

4. 价值工程的一般工作程序是怎样的？
5. 如何选择价值工程的对象？通常有哪些方法？
6. 什么是功能评价？具体方法有哪些？

三、计算题

根据业主的使用要求，某工程项目设计人员提出了三个设计方案。有关专家决定从五个方面(分别以 F1 ~ F5 表示)对不同方案的功能进行评价，各项功能的重要性得分如下：F1 相对于 F2 很重要，F3 相对于 F1 较重要，F2 和 F5 同样重要，F4 和 F3 同样重要。各方案单位面积造价及专家对三个方案满足程度的评分结果如表 7-16 所示。

表 7-16　备选方案功能评分表

功　能	A	B	C
F1	9	8	9
F2	8	7	8
F3	8	10	10
F4	7	6	8
F5	10	9	8
单位面积造价/(元/m^2)	1680	1720	1590

问题：

(1) 试用 0 ~ 4 评分法计算各功能的权重(填入表 7-18)。

(2) 用功能评价系数法选择最佳设计方案(要求列出计算式)。

(3) 在确定某一设计方案后，设计人员按限额设计要求确定建筑安装工程目标成本额为 14 000 万元。然后以主要分部工程为对象进一步开展价值工程分析，各分部工程评分值及目前成本如表 7-17 所示。试分析各功能项目的功能指数、目标成本(要求分别列出计算式)及应降低额，并确定功能改进顺序(填入表 7-19)。

注：计算结果保留小数点后 3 位。

表 7-17　分部工程功能评分及成本

功能项目	功能得分	目前成本/万元
A. ±0.000 以下工程	21	3 854
B. 主体结构工程	35	4 633
C. 装饰工程	28	4 364
D. 水电安装工程	32	3 219

表 7-18　功能权重计算表

功　能	F1	F2	F3	F4	F5	得　分	权　重
F1	—						
F2		—					

续表

功　能	F1	F2	F3	F4	F5	得　分	权　重
F3			—				
F4				—			
F5					—		

表 7-19　分部工程目标成本及功能改进顺序

单位：万元

功能项目	功能指数	目前成本	目标成本	应降低额	功能改进顺序
A. ±0.000 以下工程					
B. 主体结构工程					
C. 装饰工程					
D. 水电安装工程					

模块 8　建设项目财务评价

学习目标		(1)了解财务评价的概念、作用及内容。 (2)能正确计算各项财务基础数据。 (3)能够根据编制的财务评价报表，对各项财务指标进行计算并得出结论。
重点和难点	重点	财务评价的基本报表、辅助报表与财务分析指标。
	难点	各项财务评价指标的含义与计算。
思政目标		让学生进一步认识专业知识学习和专业技能培养的重要性，培养学生积极的人生态度和竞争意识，形成良好的心理素质、坚强的意志、健全的人格。

8.1　财务评价概述

8.1.1　财务评价的目的与作用

财务评价(也称财务分析)是从企业(项目)的财务角度，根据国家现行会计制度、税收法规和现行市场价格体系，在财务效益与费用的估算以及编制财务辅助报表的基础上，编制财务基本报表，计算财务分析指标，考察项目的盈利能力、偿债能力和财务生存能力，据此判别项目的财务可能性。

按照项目性质分类，建设项目的财务评价可以分为新建项目财务评价、改扩建项目财务评价、并购项目财务评价。本章着重介绍新建项目财务评价的基本概念与财务评价方法。

财务评价的目的有以下几个。

(1) 从企业或者项目角度出发，分析投资效果，评价项目竣工投产后的获利能力。

(2) 确定进行某项目所需资金来源，为企业制订资金计划。

(3) 估算项目的贷款偿还能力。

8.1.2　财务评价的步骤与阶段

1. 财务评价的步骤

项目在财务上的生存能力取决于项目的财务效益和费用的大小及其在时间上的分布情

况。项目盈利能力、清偿能力等财务状况，是通过编制财务报表及计算相应的评价指标来进行判断的。由此，财务评价可以大致分为以下三个步骤。

1) 财务基础数据估算

选取必要的数据进行财务效益与费用估算，如营业收入、成本费用和相关税金估算等，这些内容是在为财务评价进行准备，也称财务评价基础数据与参数的确定、估算与分析。按发展和改革委员会和住房和城乡建设部《建设项目经济评价方法与参数》(第三版)的规定，财务评价应以市场价格体系为基础的预测价格。

2) 财务评价报表编制

在项目财务基础数据估算的基础上，着手编制项目的财务报表，其包括财务评价辅助报表和财务评价报表。为分析项目的盈利能力需编制的主要报表有现金流量表、利润与利润分配表及相应的辅助报表。为分析项目的清偿能力需编制的主要报表有资产负债表、借款还本付息计划表及相应的辅助报表。

3) 财务评价指标计算，分析项目的财务可行性

根据财务报表可以比较方便地计算出各财务评价指标。通过与评价标准或基准值的对比分析，即可对项目的盈利能力、清偿能力、财务生存能力等财务状况作出评价，判别项目的财务可行性。财务评价的盈利能力分析要计算财务内部收益率、总投资收益率、项目资本金净利润率等主要评价指标。清偿能力分析要计算资产负债率、利息备付率、偿债备付率等指标。此外，还需根据财务计划现金流量表进行财务生存能力分析。

按上述三个步骤完成财务评价后，还应对财务评价指标进行汇总，并结合不确定性分析的结果，得出项目财务评价的结论。

2. 财务评价的阶段

财务评价可分为融资前分析和融资后分析两个阶段，一般宜先进行融资前分析，在融资前分析结论满足要求的情况下，初步设定融资方案，再进行融资后分析，在项目建议书阶段，可只进行融资前分析。财务效益与费用估算、融资方案是财务评价的基础，在实际操作过程中，财务效益与费用估算、融资方案选择穿插于财务评价过程中，具体过程如图 8-1 所示。

1) 融资前分析

融资前分析是指在考虑融资方案前就开始进行的财务评价，即在不考虑债务融资条件下进行的分析。项目决策分为投资决策和融资决策两个层次，融资前分析属于项目决策中的投资决策。

融资前分析以项目投资现金流量分析为主，并且只进行盈利能力分析。融资前项目投资现金流量分析，是从项目投资总获利能力角度，考察项目方案设计的合理性。须计算的评价指标主要包括财务内部收益率、财务净现值，也可计算静态投资回收期。

2) 融资后分析

融资后分析属于项目决策中的融资决策，是以设定的融资方案为基础进行的财务评价，重在考察项目的资金筹措方案能否满足要求。融资后分析包括盈利能力分析、偿债能力分析和财务生存能力分析。

融资后偿债能力分析主要是考察项目能否按期偿还借款的能力，其主要通过计算利息备付率和偿债备付率等指标来判断项目的偿债能力。

财务生存能力分析主要考察项目是否有足够多的净现金流量维持正常运营，主要通过编制财务计划现金流量表并结合偿债能力分析进行考察。

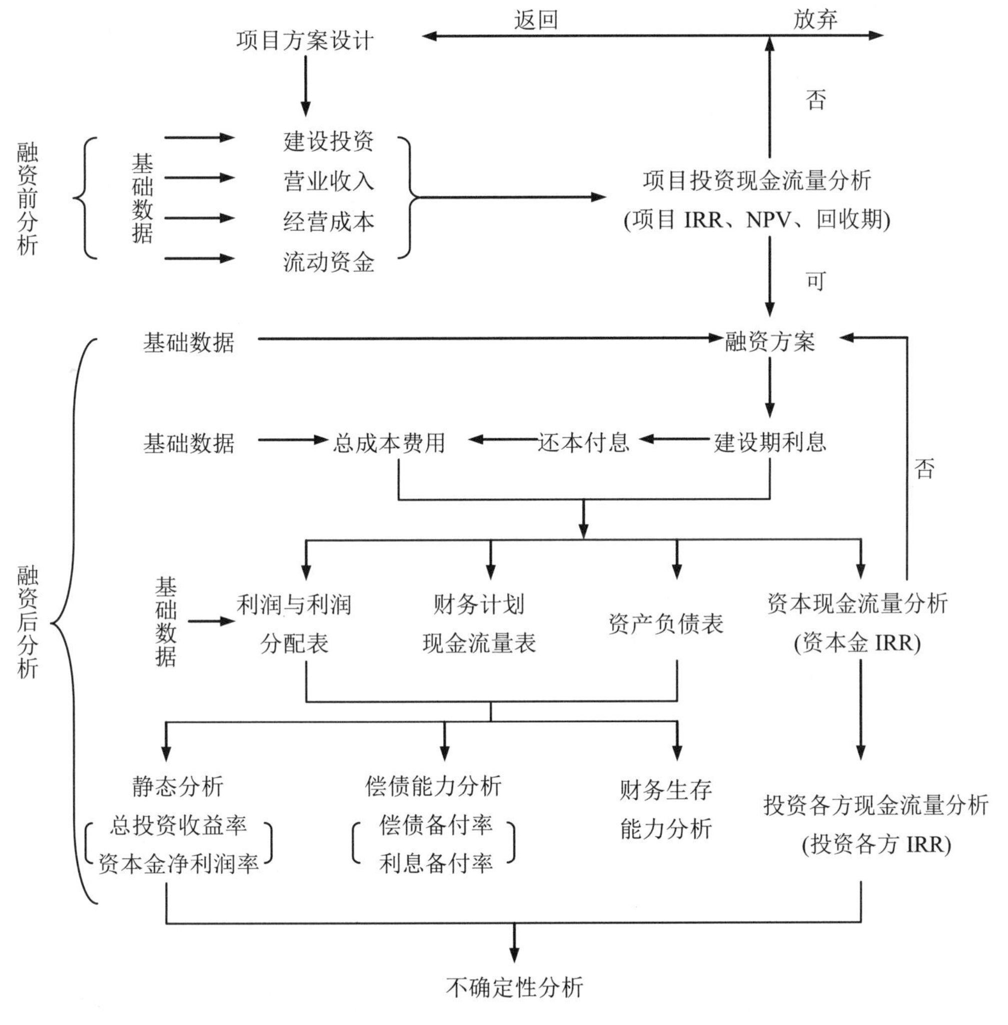

图 8-1　财务分析过程

8.2　财务基础数据

财务基础数据即为财务效益与费用估算，是财务评价的重要基础，其估算的准确性与可靠性程度直接影响财务评价的结论，具体包括建设投资估算、成本费用估算、营业收入估算、税金估算。

8.2.1　建设投资估算

建设投资是项目总投资的重要组成部分，项目总投资由建设投资、建设期间贷款利息和流动资金构成，如图 8-2 所示。建设投资是指在项目筹建与建设期间所花费的全部建设费用，包括工程费用、工程建设其他费用和预备费用，其中，工程费用包括建设工程费、设备购置费和安装工程费，预备费用包括基本预备费和涨价预备费。

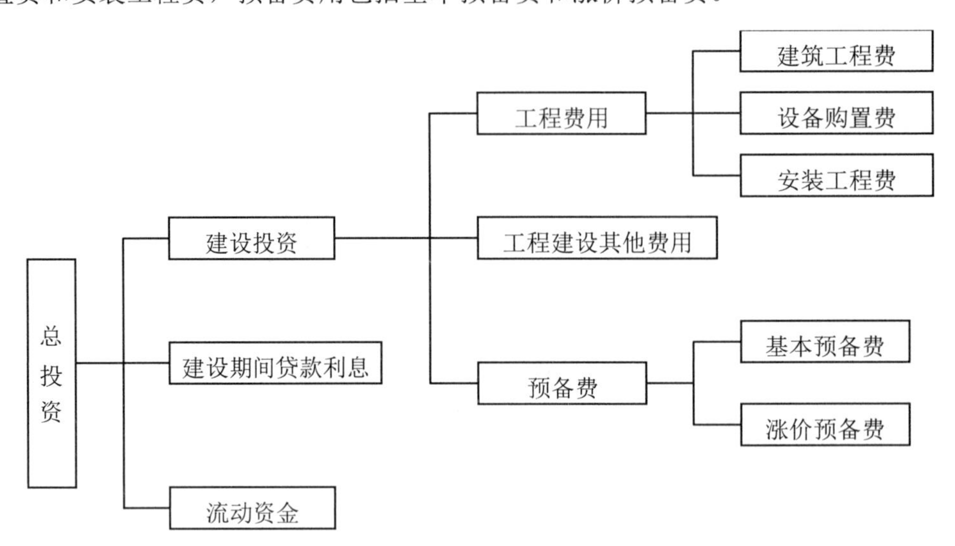

图 8-2　工程总投资构成

建设投资估算方法有简单估算法和分类估算法。简单估算法还可以分为单位生产能力估算法、生产能力指数法、比例估算法、系数估算法和指标估算法等。前四种估算方法准确度不高，主要适用于投资机会研究和初步可行性研究阶段，项目可行性研究阶段采用指标估算法和分类估算法。

1. 建筑工程费

建筑工程费是指为建造永久性建筑物和构筑物所需要的费用，主要包括以下内容。

(1) 各类房屋建筑工程和列入房屋建筑工程预算的供水、供暖、卫生、通风、煤气等设备费用及装饰、油饰工程的费用，列入建筑工程的各种管道、电力、电信和电缆导线敷设工程的费用。

(2) 设备基础、支柱、工作台、烟囱、水塔、水池、灰塔等建筑工程以及各种窑炉的砌筑工程和金属结构工程的费用。

(3) 建设场地的大型土石方工程、施工临时设施和完工后的场地清理、环境绿化的费用。

(4) 矿井开凿、井巷延伸、露天矿剥离，石油、天然气钻井，修建铁路、公路、桥梁、水库、堤坝、灌渠及防洪等工程的费用。

建筑工程投资估算一般采用以下方法。

1) 单位建筑工程投资估算法

单位建筑工程投资估算法，是以单位建筑工程量投资乘以建筑工程总量来估算建筑工程费的方法。一般工业与民用建筑以单位建筑面积(m^2)投资、工业窑炉砌筑以单位容积(m^3)投资、水库以水坝单位长度(m)投资、铁路路基以单位长度(m)投资、矿山掘进以单位长度(m)投资乘以相应的建筑工程总量来计算建筑工程费。

2) 单位实物工程量投资估算法

单位实物工程量投资估算法，是以单位实物工程量投资乘以实物工程量总量来估算建

筑工程费的方法。土石方工程按每立方米(m^3)投资、矿井巷道衬砌工程按每延长米(m)投资、路面铺设工程按每平方米(m^2)投资来计算建筑工程费。

3) 概算指标投资估算

建筑工程概算指标通常以整个建筑物为对象，以建筑面积、体积等为计量单位来确定劳动、材料和机械台班消耗量标准和造价指标。采用这种方法，需要有较为详细的工程资料、建筑材料价格和工程费用指标，工程量较大。具体方法可参照专门机构发布的概算编制办法。

2. 设备购置费估算

设备购置费包括国内设备购置费、进口设备购置费和工器具及生产家具购置费。

(1) 国内设备购置费估算公式为：

$$\text{国内设备购置费}=\text{设备原价}+\text{设备运杂费} \tag{8-1}$$

设备原价系指国产标准设备、非标准设备的原价。

设备运杂费系指设备原价中未包括的包装和包装材料费、运输费、装卸费、采购费及仓库保管费等。

(2) 进口设备购置费估算公式为：

$$\text{国外设备购置费}=\text{进口设备的抵岸价}+\text{设备运杂费} \tag{8-2}$$

进口设备的抵岸价是指抵达买方边境港口或边境车站，且缴完关税以后的价格。

进口设备抵岸价=货价+国外运费+国外运输保险费+银行财务费+外贸手续费+进口关税+增值税+消费税+海关监管手续费 (8-3)

(3) 工器具及生产家具购置费估算公式为：

工器具及生产家具购置费是指按照有关规定，为保证新建或扩建项目初期正常生产必须购置的第一套工卡模具、器具及生产家具购置费用。一般以国内生产原价和进口设备离岸价为计算基数，按照部门或行业规定的工器具及生产家具费费率计算。

3. 安装工程费估算

安装工程费一般包括：

(1) 生产、动力、起重、运输、传动和医疗、实验等设备的安装费；

(2) 工艺、供暖、供电、给排水、通风空调、净化及除尘、自控、通信等管道、管线、电缆等材料费和安装费；

(3) 设备和管道的保温、绝缘、防腐，设备内部的填充物等的材料费和安装费。

安装工程费通常根据行业或专门机构发布的安装工程定额、收费标准进行估算，具体计算可按安装费费率、每吨设备安装费指标或每单位安装实物工程费用指标进行估算。计算公式如下：

$$\text{安装工程费}=\text{设备原价}\times\text{安装费费率} \tag{8-4a}$$

或

$$\text{安装工程费}=\text{设备吨位}\times\text{每吨设备安装费指标} \tag{8-4b}$$

或

$$\text{安装工程费}=\text{安装工程实物量}\times\text{每单位安装实物工程量费用指标} \tag{8-4c}$$

4. 工程建设其他费用估算

工程建设其他费用是指建设投资中除建筑工程费、设备购置费、安装工程费以外的，为保证工程建设顺利完成和交付使用后能够正常发挥效用而发生的各项费用。一般包括建设用地费用、与项目建设有关的费用、与项目运营有关的费用。

1) 建设用地费用

建设用地费用是建设项目取得土地使用权而必须支付的费用，主要包括征地补偿费，土地使用权出让(转让)金，租用建设项目土地使用权在建设期支付的租地费用，以及建设期间临时用地补偿。

2) 与建设项目有关的费用

与建设项目有关的费用主要包括建设单位管理费、工程建设监理费、工程质量监督费、可行性研究费、研究试验费、勘察设计费、环境影响评价费、职业安全卫士健康评价费、场地准备及临时设施费、引进技术和设备其他费用、工程保险费、市政公用设施建设及绿化补偿费等。

3) 与项目运营有关费用

与项目运营有关费用主要包括专利及技术使用费、联合试运转费、生产准备费、办公及生活家居购置费等。

工程项目其他费用的具体科目及取费标准应根据各级政府物价部门有关规定并结合项目的具体情况确定。上述各项费用并不是每个项目必定发生的费用，应根据项目具体情况进行估算。

5. 预备费

预备费是指考虑建设期可能发生的风险因素而导致增加的建设费用，其中包括基本预备费及涨价预备费，具体内容如下所述。

1) 基本预备费估算

基本预备费是指项目实施中可能发生，但在项目决策阶段难以预料的支出，需要事先预留的费用，又称工程建设不可预见费。基本预备费以工程费用和工程建设其他费用之和为基数，按照部门或行业主管部门规定的基本预备费费率估算(见表 8-1)，计算公式如下：

$$基本预备费=(工程费用+工程建设其他费用)\times 基本预备费费率 \tag{8-5}$$

表 8-1 部分行业基本预备费费率参考值

市政项目	林业项目	公路项目	机械项目	水利项目	化工项目
8%～10%	5%	9%	10%～15%	10%～12%	10%～12%

2) 涨价预备费估算

涨价预备费是对建设工期较长的项目，由于在建设期可能发生材料、设备、人工等价格上涨引起投资增加而需要事先预留的费用，也称价格变动不可预见费。

涨价预备费以分年的工程费用为计算基数，计算公式如下：

$$P=\sum_{t=1}^{n} I_t[(1+f)^t-1] \tag{8-6}$$

式中：I——建设期第 t 年的工程费之和；

f——建设期价格上涨指数；

n——建设期。

【例 8-1】 某项目工程费用为 500 万元，按投资进度计划建设期为 3 年，分年工程费用投资比例为第一年 50%，第二年 30%，第三年 20%，预计建设期内年平均价格上涨指数为 5%，试估算该项目的涨价预备费。

【解】

第一年涨价预备费 $P_1=500\times50\%\times[(1+5\%)-1]=12.50$(万元)

第二年涨价预备费 $P_2=500\times30\%\times[(1+5\%)\times2-1]=15.38$(万元)

第三年涨价预备费 $P_3=500\times20\%\times[(1+5\%)\times3-1]=15.76$(万元)

建设期涨价预备费合计=12.50+15.38+15.76=43.64(万元)

8.2.2 成本费用估算

1. 概念

工程经济分析中不严格区分费用与成本，而是将它们均视为现金流出。其实质是指企业在生产和销售商品、提供劳务等日常经济活动中所发生的，会导致所有者权益减少的，与向所有者分配利润无关的经济利益的总流出。

2. 成本的构成

总成本费用是在一定时期(项目评价中一般指一年)为生产和销售产品或提供服务而发生的全部费用。总成本费用由生产成本和期间费用两部分构成。生产成本主要由生产过程中实际消耗的直接材料、直接工资和制造费用组成；期间费用是指在一定会计期间发生的管理费用、财务费用和销售费用。以上几种成本费用构成了产品总成本费用的六要素。总成本费用的构成如表 8-2 所示。

表 8-2　总成本费用构成

<table>
<tr><td rowspan="6">总成本费用</td><td rowspan="3">生产成本</td><td>直接材料</td><td>包括原材料、辅助材料、备品备件、外购半成品、燃料、动力、包装物等</td></tr>
<tr><td>直接工资</td><td>直接从事产品生产人员的工资、奖金、津贴和各类补贴、福利费等</td></tr>
<tr><td>制造费用</td><td>发生在生产单位(车间)的间接费用。生产单位管理人员工资、奖金、津贴、福利费；生产单位房屋和建筑物等固定资产折旧费；维修费；低值易耗品，以及取暖费、水电费、差旅费、保险费、劳动保护费等</td></tr>
<tr><td rowspan="3">期间费用</td><td>管理费用</td><td>管理费用是指企业行政管理部门管理和组织经营活动而发生的各项费用，包括企业管理人员的工资、福利及补贴；无形资产及递延资产摊销费；办公费、差旅费、技术转让费；土地使用税、车船使用税、房产税、印花税等</td></tr>
<tr><td>财务费用</td><td>企业为筹集资金而发生的各项费用，包括利息支出、手续费等</td></tr>
<tr><td>销售费用</td><td>企业为销售产品而发生的各项费用，包括运输费、折旧费、销售人员的工资、佣金及福利费和广告费等</td></tr>
</table>

3. 经营成本

经营成本是为经济分析方便，而从总成本费用中分离出来的一部分费用。顾名思义，

经营成本是项目运营期间的生产经营费用，不包括折旧和摊销费，也不包括利息支出。经营成本属于各年的现金流出。由于投资已在期初作为一次性支出计入现金流出，因此不能再以折旧和摊销的方式计为现金流出，否则会重复计算。

另外，由于全部投资现金流量表中利息支出不作为流出，而自有资金现金流量表中已将利息支出单列，因此经营成本不包括利息支出。其公式为：

$$经营成本=总成本费用-折旧费-摊销费-利息支出 \tag{8-7}$$

4. 总成本费用估算

成本的估算方法总体分为定性估算法和定量估算法。

定性估算法是依靠管理人员的专业知识、实践经验及判断能力，利用企业成本和费用的历史资料，对现有资料不多、难以进行定量估算的项目进行，如座谈会法等。

定量估算法主要应用的有两种：其一是概略估算法，此法是在成本资料和定额缺乏的情况下所采用的，一般用于项目的初步可行性研究；其二是详细估算法。

财务评价中总成本费用的详细估算法通常有生产成本加期间费用估算法和生产要素估算法两种，其中生产要素估算法更多地被采用。

总成本费用=外购原材料、燃料及动力费+工资及福利费+折旧费+摊销费+修理费+利息支出+其他费用 (8-8)

总成本费用可分解为固定成本和可变成本。固定成本主要包括工资及福利费(计件工资除外)、折旧费、摊销费、修理费和其他费用。可变成本包括外购原材料、燃料、动力费和计件工资等。

5. 总成本费用各部分估算

1) 外购原材料、燃料动力费估算

外购原材料和燃料、动力费的估算需要相关专业所提出的外购原材料和燃料动力年消耗用量，以及在选定价格体系下的预测价格。该价格应按入库价格计，即到厂价格并考虑途库消耗量，采用的价格体系与营业收入估算的一致。

2) 人工工资及福利费估算

人工工资及福利费是指企业为获得职工提供的服务而给予各种形式的报酬，通常包括职工工资、奖金、津贴和补贴及职工福利费。按“生产要素法”估算总成本费用时，人工工资及福利费按项目全部职工数量估算。确定人工工资及福利费时需要考虑项目性质、项目地点、行业特点、原企业工资水平等因素。

根据不同项目的需要，财务评价中可视情况选择按项目全部人员年工资的平均数值计算，或者按照人员类型和层次分别设定不同档次的工资进行计算。

3) 固定资产原值和折旧费

(1) 固定资产原值。固定资产原值是指项目投产时按规定由投资形成固定资产的部分，一般包括以下四个部分：①工程费用，即建筑工程费用、设备购置费和安装工程费；②工程建设其他费用中应计入固定资产原值的部分，也称固定资产其他费用。即除了按规定计入无形资产和其他资产以外的工程建设其他费用，一般包括建设单位管理费、勘察设计费、可行性研究费、环境影响评价费、场地准备及临时设施费、引进技术和引进设备其他费用、工程保险费和联合试运转费等；③预备费；④建设期内计入固定资产而产生的利息。

(2) 固定资产折旧。固定资产在使用过程中会受到磨损，其价值损失通常是通过提取折旧费的方式进行补偿。按生产要素法估算总成本费用时，固定资产折旧费可直接列支于总成本费用。

固定资产折旧的方法可在税法允许的范围内自行确定，一般采用直线折旧法，包括平均年限法和工作量法。我国税法也允许对某些机械设备采用快速折旧费，即双倍余额递减法和年数总和法。

固定资产折旧年限、预计残值率可在税法允许的范围内由企业自行确定，或按行业规定。财务评价中固定资产折旧年限一般按税法明确规定的分类折旧年限，也可按行业规定的综合折旧年限。

除国务院财政、税务主管部门另有规定外，固定资产计算折旧的最低年限如下：

房屋、建筑物为 20 年；

飞机、火车、轮船、机器、机械和其他生产设备为 10 年；

与生产经营活动有关的器具、工具、家具等为 5 年；

飞机、火车、轮船以外的运输工具为 4 年；

电子设备为 3 年。

4) 摊销费

摊销费是指无形资产和递延资产在一定期限内分期摊销的费用，也指对投资不能形成固定资产的部分所产生的费用。摊销费包括无形资产、开办费、不计入固定资产的借款利息及固定资产修理费。

(1) 无形资产。无形资产是指企业拥有的、不具有实物形态，能对生产经营长期、持续发挥作用的资产，如商标权、专利权、土地使用权及非专有技术和商誉等。

无形资产一般采用等额摊销法，即按照其规定的期限平均摊销。其摊销期限应遵照以下原则：法律或企业申请书分别规定有法定有效期限和受益期限的，按照孰短的原则确定；法律没有规定，企业合同或企业申请书规定有受益期限的，按照规定的受益期限摊销；二者均没有规定的，以不超过 10 年的期限摊销。

(2) 开办费。开办费是指项目筹建期间，除应计入有关财产物资价值以外所发生的各项费用，包括人员工资、培训费、办公费、差旅费、印刷费、注册费以及不计入固定资产价值的借款费用等。因为它们的受益期超过一个会计年度，因此属于资本性支出，应当进行摊销。

开办费根据财务制度规定，应当从项目开始生产经营的当月起，按不超过 5 年的期限平均摊销。如果开办费金额不大，也可开始生产经营的当月一次摊销。

(3) 固定资产修理费。固定资产修理费是指为保持固定资产的正常运转和使用，充分发挥其使用效能，在运营期内对其进行必要修理所发生的费用。按修理范围的大小和时间间隔的长短可分为大修理和中小修理。

财务评价中修理费可直接按固定资产原值(扣除所含的建设期利息)所占的一定百分比估算，百分比的选取应考虑行业和项目特点。

8.2.3　营业收入估算

营业收入是指销售产品或者提供服务所获得的收入，是现金流量表中现金流流入的主体，也是利润表的主要科目。对于销售产品的项目，营业收入即为销售收入。

工业项目经济评价中营业收入的估算基于一项重要的假定，即当期的产出(扣除自用量后)当期全部销售，也就是说，当期产品产量等于当期销售量。主副产品(或不同等级产品)的销售收入应全部计入营业收入，其中某些行业的产品成品率按行业习惯或规定；其他行业提供的不同服务类型收入也应同时计入营业收入。

$$营业收入=分年运营量\times产品(服务)单价 \tag{8-9}$$

分年运营量可根据经验确定负荷率后计算或通过制订销售(运营)计划确定。采用经验确定法时，先根据以往项目的经验，结合项目的实际情况，粗略估算各年的运营负荷(以设计能力百分比表示)，以设计生产能力乘以当年运营负荷即是当年的分年运营量。采用营销计划法时，通过制订详细的营销计划，确定各种产出物各年的生产量和销售量。

产品(服务)单价通过预测确定，应遵循稳妥原则，在估算营业收入时，应对市场预测的相关结果以及建设规模、产品或服务方案进行概括性的描述或确认，特别是对采用的价格的合理性进行说明。

8.2.4 税金估算

财务评价涉及的税金包括增值税、营业税、关税、资源税、消费税、所得税、印花税、城市维护建设税和教育费附加等，有的项目还涉及土地增值税。财务评价应说明项目涉及的税种、征税方式、计税依据、税率等，如有减免税优惠，应说明减税依据及减税方式。在会计处理上，资源税、消费税、土地增值税、城市维护建设税和教育费附加包含在“营业税金及附加”中。

1. 增值税

增值税是对我国境内销售货物、进口货物以及加工、修理修配劳务的单位和个人，就其取得的货物销售额、进口货物金额、应税劳务额计算税额，并实行税款抵扣制的一种流转税。

从计税原理上说，增值税是对商品生产、流通、劳务服务中多个环节的新增价值或商品的附加值征收的一种流转税。实行价外税，也就是由销售者负担，有增值才征税，没增值不征税，但在实际当中，商品新增价值或附加值在生产和流通过程中是很难准确计算的。因此，我国也采用国际上普遍采用的税款抵扣的办法，即根据销售商品或劳务的销售额，按规定的税率计算出销项税额，然后扣除取得该商品或劳务时所支付的增值税款，也就是进项税额，其差额就是增值部分应交的税额，这种计算方法体现了按增值因素计税的原理。增值税税率按照《中华人民共和国增值税暂行条例》。增值税税额计算公式如下：

$$增值税税额=销项税额-进项税额 \tag{8-10}$$

如A公司向B公司购进原材料100件，金额为10 000元，但A公司实际上要付给对方的货款并不是10 000元，而是10 000+10 000×17%(假设增值税税率为17%)=11 700(元)，即进项税额=1 700元。

而后A公司向C公司销售80件产品时，金额为15 000元，A公司实际上收到对方的货款并不是15 000元，而是15 000+15 000×17%=17 550(元)，即销项税额=2 550元。

故应纳增值税税额=2 550−1 700=850(元)。

在财务评价中，当采用含增值税价格计算销售收入和原材料、燃料动力成本时，利润和利润分配表以及现金流量表中应单列增值税科目，采用不含增值税价格计算时，利润和利润分配表以及现金流量表中不包含增值税科目。

2. 关税

关税是以出口税货物为纳税对象的税种。财务评价中涉及应税货物的进出口时，应按规定计算。引进技术、设备材料的关税体现在投资估算中，而进口原材料的关税则体现在成本中。

3. 资源税

国家对开采特定矿产品或者生产者的单位和个人征收的税种，通常按矿产的产量计算。

4. 企业所得税

企业所得税是针对企业应纳税所得额征收的税种。纳税人每一纳税年度的收入总额减去准予扣除项目的余额为应纳税所得额；纳税人发生年度亏损的，可用下一纳税年度的所得弥补，下一纳税年度所得不足弥补的可以逐年延续弥补，但是延续弥补期最长不得超过 5 年。企业所得税计算公式如下：

$$\text{所得税应纳税额}=\text{应纳税所得额}\times\text{适用税率} \tag{8-11}$$

5. 印花税

印花税是以经济活动和经济交往中，书立、领受应税凭证的行为为征税对象征收的一种税。印花税因其采用在应税凭证上粘贴印花税票的方法缴纳税款而得名。其特点为：①征税范围广；②税负从轻；③自行贴花纳税；④多贴印花税票不退不抵。常见印花税税率如表 8-3 所示，其计算公式如下：

$$\text{应纳税额}=\text{计税金额}\times\text{比例税率} \tag{8-12}$$

表 8-3　常见印花税税率表

税　目	范　围	税　率	纳 税 人
购销合同	包括供应、预购、采购、购销、结合及协作、调剂、补偿、易货等合同	按购销金额 0.3‰贴花	立合同人
加工承揽合同	包括加工、定作、修缮、修理、印刷广告、测绘、测试等合同	按加工或承揽收入 0.5‰贴花	立合同人
建设工程勘察设计合同	包括勘察、设计合同	按收取费用 0.5‰贴花	立合同人
建筑安装工程承包合同	包括建筑、安装工程承包合同	按承包金额 0.3‰贴花	立合同人
财产租赁合同	包括租赁房屋、船舶、飞机、机动车辆、机械、器具、设备等合同	按租赁金额 1‰贴花，税额不足 1 元，按 1 元贴花	立合同人

6. 城市维护建设税和教育费附加

城市维护建设税和教育费附加是以流转税(包括增值税、营业税)为计税基数征收的一种税。城市维护建设税按纳税人所在地区实行差别税率，项目所在地为市区、县城及镇、乡村的税率分别为7%、5%、1%，教育费附加征收税率为3%。其计算公式如下：

应纳城市维护建设税(教育费附加)额=(增值税+营业税)的实纳税额×适用税率 (8-13)

7. 土地增值税

土地增值税是按转让房产取得的增值额征收的税种。房地产项目应按规定计算土地增值税。

8.3 财务评价报表

财务评价是在财务效益与费用的估算以及编制财务辅助报表的基础上，编制财务报表，计算财务评价指标，考察和分析项目的盈利能力、偿债能力和财务生存能力，从而判断项目的财务可行性。财务报表是财务评价指标的基础。下面介绍相关的财务辅助报表及基本的编制。

8.3.1 财务评价辅助报表

财务效益和费用估算的结果将形成下列辅助报表：①建设投资估算表；②流动资金估算表；③项目总投资使用计划与资金筹措表；④营业收入、税金及附加和增值税估算表；⑤总成本费用估算表；⑥固定资产折旧费估算表；⑦无形资产和其他资产摊销估算表。

对于采用生产要素法编制的总成本费用估算表，除了编制固定资产折旧费估算表和无形资产和其他资产摊销估算表外，还可以编制其他基础报表，例如建设期利息估算表、外购原材料费估算表、外购燃料和动力费估算表、工资及福利费估算表。

8.3.2 现金流量表

现金流量表主要有4种，它们分别是项目投资现金流量表、项目资本金现金流量表、投资各方现金流量表和财务计划现金流量表。

1. 项目投资现金流量表

项目投资现金流量表不分投资资金来源，以全部投资作为计算基础，用以计算全部投资所得税前及所得税后财务内部收益率、财务净现值及投资回收期等评价指标，考察项目全部投资的盈利能力，为各个投资方案(不论其资金来源及利息多少)进行比较建立共同基础。换句话来说，它是在设定项目全部投资均为自有资金条件下的项目现金流量系统的表格式反映。

(1) 现金流入为营业收入、补贴收入、回收固定资产余值、回收流动资金四项之和。营业收入和补贴收入的各年数据取自营业收入、销售税金及附加和增值税估算表。固定资产余值和流动资金均在计算期最后一年回收，固定资产余值回收额为固定资产折旧费估算表

中固定资产期末净值合计，流动资金回收额为项目全部流动资金。

(2) 现金流出项由建设投资、流动资金、经营成本、营业税金及附加、维持运营投资五个分项组成。建设投资和流动资金的数额取自项目总投资使用计划与资金筹措表中总投资项下的有关分项。经营成本取自总成本费用估算表，营业税金及附加取自营业收入、营业税金及附加和增值税估算表。维持运营投资的数据则来源于财务计划现金流量表。

(3) 各年所得税前净现金流量为各年现金流入量减对应年份的现金流出量，各年累计所得税前净现金流量为本年及以前各年所得税前净现金流量之和。

(4) 调整所得税为以息税前利润为基数计算的所得税，区别于“利润与利润分配表”“项目资本金现金流量表”和“财务计划现金流量表”中的所得税。

$$\text{调整所得税}=\text{息税前利润}\times\text{所得税税率} \tag{8-14}$$

$$\text{息税前利润}=\text{营业收入}+\text{补贴收入}-\text{税金及附加}-\text{经营成本}-\text{折旧费}-\text{摊销费} \tag{8-15}$$

2. 项目资本金现金流量表

项目资本金现金流量表从投资者角度出发，以投资者的出资额作为计算基础，把借款本金偿还和借款利息支付、所得税作为现金流出(由于现金流入是全部投资所获得)，用以计算资本金财务内部收益率、财务净现值等评价指标，从而考察项目资本金的盈利能力。

(1) 现金流入各项和数据来源与全部投资现金流量表相同。

(2) 现金流出项目资本金数额取自项目总投资使用计划与资金筹措表中总投资项下的资本金分项借款本金偿还由两部分组成：一部分为借款还本付息计算表中本年还本额；一部分为流动资金借款本金偿还，一般发生在计算期最后一年，但需根据项目实际情况进行调整。借款利息支付数额来自借款还本付息计划表。现金流出中其他各项与项目投资现金流量表中相同。

(3) 项目计算期各年的净现金流量为各年现金流入量减对应年份的现金流出量。

3. 投资各方现金流量表

该表分别以投资各方的出资额作为计算基础，编制各方的财务现金流量表，用于计算投资各方的内部收益率。

(1) 现金流入是指出资方因该项目的实施将实际获得的各种收入。实分利润是指投资者由项目获得的利润。资产处置收益分配是指对有明确的合营期限或者合资期限的项目，在期满时对资产余值按股比或约定比例的分配。租赁费收入是指出资方将自己的资产租赁给项目使用所获得的收入，此时应将资产价值作为现金流出，列为租赁资产支出科目。技术转让或使用收入是指资方将专利或专有技术转让或者允许该项目使用所获得的收入。

(2) 现金流出是指资方因该项目的实施将实际投入的各种支出。

4. 财务计划现金流量表

财务计划现金流量表是国际上通用的财务报表，用于反映建设期内各年的投资活动、融资活动和经营活动所产生的现金流入、现金流出和净现金流量，从而考察资金平衡和余缺情况，是表示财务状况的重要财务报表。财务计划现金流量表的绝大部分数据可以来自于其他报表。

8.3.3 利润与利润分配表

利润与利润分配表反映项目计算期内各年的利润总额、所得税及税后利润的分配情况，用以计算总投资收益率、资本金利润率等指标。具体补充说明如下所述。

(1) 营业收入、营业税金及附加、总成本费用的各年度数据分别取自相应的辅助报表。

(2) 利润总额=营业收入-营业税金及附加-总成本费用+补贴收入。

(3) 应纳税所得额=利润总额-弥补以前年度亏损。应纳税所得额为利润总额根据国家有关规定进行调整后的数额。在建设项目财务评价中，主要是按减免所得税及用税前利润弥补上年度的亏损的有关规定进行的调整。

(4) 所得税=应纳税所得额×所得税税率。

(5) 净利润=利润总额-所得税。

(6) 可供分配利润=净利润+期初未分配利润。

(7) 提取法定盈余公积金。法定盈余公积金按当年税后净利润逐一提取，其累计额达到项目法人注册资本的50%以上便可不再提取。

(8) 可供投资者分配的利润。提取法定盈余公积金后的净利润，同投资者分配，这部分可分配利润成为可供投资者分配的利润。

经过上述分配后剩余的部分为未分配利润。

8.3.4 资产负债表

资产负债表综合反映项目计算期内各年年末资产、负债和所有者权益的增减变化及对应关系，以考察项目资产、负债、所有者权益的结构是否合理，同时计算资产负债率、流动比率及速动比率，进行偿债能力分析。表格形式如表 8-4 所示，主要内容说明如下。

1. 资产

资产由流动资产、在建工程、固定资产净值、无形及其他资产净值四项组成，具体内容如下所述。

(1) 流动资产总额为货币资金、应收账款、预付账款、存货和其他之和，前三项数据来自流动资金估算表。

(2) 在建工程是指项目总投资使用计划与资金筹措表中的建设投资、建设期利息、流动资金的年累计额。

(3) 固定资产净值和无形及递延资产净值分别从固定资产折旧费估算表和无形资产和其他资产摊销估算表中取得。

2. 负债

负债包括流动负债总额、建设投资借款、流动资金借款。流动负债总额中的短期借款、应付账款和预收账款数据可由流动资金估算表直接取得。建设投资借款和流动资金借款均指借款余额，可来自借款还本付息计划表。

表 8-4　资产负债表

单位：万元

序　号	项　目	建 设 期		投 产 期		达 产 期			
		1	2	3	4	5	6	…	n
1	资产								
1.1	流动资产								
1.1.1	应收账款								
1.1.2	存货								
1.1.3	现金								
1.1.4	累计盈余资金								
1.1.5	其他流动资产								
1.2	在建工程								
1.3	固定资产								
1.3.1	原值								
1.3.2	累计折旧								
1.3.3	净值								
1.4	无形资产净值								
2	负债及所有者权益								
2.1	流动负债总额								
2.1.1	应付账款								
2.1.2	流动资金借款								
2.1.3	其他流动负债								
2.2	中长期借款								
	负债小计								
2.3	所有者权益								
2.3.1	资本金								
2.3.2	资本公积金								
2.3.3	累计盈余公积金								
2.3.4	累计未分配利润								
清偿能力分析：1. 资产负债率；2. 流动比率；3. 速动比率。									

3. 所有者权益

所有者权益包括资本金、资本公积金、累计盈余公积金和累计未分配利润。其中，累计未分配利润可直接得自利润与利润分配表，累计盈余公积金也可由利润与利润分配表中盈余公积金项计算各年份的累计值，但应根据有无用盈余公积金弥补亏损或转增资本金的情况进行相应调整。资本金为项目投资中累计自有资金(扣除资本溢价)，当存在由资本公积金或盈余公积金转增资本金的情况时应进行相应调整。资本公积金为累计资本溢价及赠款，转增资本金时应相应调整资产负债表，使其满足等式：

$$资产=负债+所有者权益 \tag{8-16}$$

8.3.5 借款还本付息计划表

借款还本付息计划表主要用于反映项目计算期内各年的借款本金偿还和利息支付情况，用于计算借款偿还期或者偿债备付率和利息备付率等指标。

按现行的财税制度，偿还借款的资金来源主要有未分配利润、折旧费、摊销费及其他资金。

8.4 财务评价指标体系

建设项目财务评价主要包括财务效益分析、偿债能力分析、财务生存能力分析及不确定性分析。财务评价指标体系如表 8-5 所示。

表 8-5 财务评价指标体系

<table>
<tr><th rowspan="2">评价阶段</th><th rowspan="2">评价内容</th><th rowspan="2">基本报表</th><th colspan="2">财务评价指标</th></tr>
<tr><th>静态指标</th><th>动态指标</th></tr>
<tr><td>融资前分析</td><td>盈利能力分析</td><td>项目投资现金流量表</td><td>项目静态投资回收期</td><td>项目投资财务内部收益率
项目投资财务净现值
项目动态投资回收期</td></tr>
<tr><td rowspan="6">融资后分析</td><td rowspan="3">盈利能力分析</td><td>资本金现金流量表</td><td>—</td><td>资本金财务内部收益率</td></tr>
<tr><td>投资各方现金流量表</td><td>—</td><td>投资各方财务内部收益率</td></tr>
<tr><td>利润与利润分配表</td><td>总投资收益率
资本金净利润率</td><td>—</td></tr>
<tr><td rowspan="2">偿债能力分析</td><td>借款还本付息计划表</td><td>偿债备付率
利息备付率</td><td>—</td></tr>
<tr><td>资产负债表</td><td>资产负债率
流动比率
速动比率</td><td>—</td></tr>
<tr><td>财务生存能力分析</td><td>财务计划现金流量表</td><td>净现金流量
累计盈余资金</td><td>—</td></tr>
<tr><td rowspan="2">不确定性分析</td><td>盈亏平衡分析</td><td>平衡点生产能力利用率、平衡点产量、单价、固定成本、可变成本</td><td>—</td><td></td></tr>
<tr><td>敏感性分析</td><td>—</td><td>财务内部收益率
财务净现值</td><td></td></tr>
</table>

8.4.1　盈利能力分析

盈利能力分析的主要指标包括项目投资财务内部收益率和财务净现值、项目资本金财务内部收益率、投资回收期、总投资收益率、项目资本金净利润率等，可根据项目的特点及财务分析的目的、要求等选用。

由于上述经济效果指标的含义、计算公式与评价标准我们在前面的章节中已经详细讨论过，因此这里不再赘述。它们主要是通过现金流序列进行计算，因此关键是要在正确划分效益费用的基础上，从已有的资料中导出投资项目的现金流序列，从而计算各项评价指标。

8.4.2　偿债能力分析

偿债能力分析应通过计算利息备付率、偿债备付率和资产负债率等指标，分析判断财务主体的偿债能力，具体内容参考模块 4。

8.4.3　生存能力分析

财务生存能力分析是为了考查企业“有项目”时在整个计算期内的资金充裕程度，分析财务可持续性，判断在财务上的生存能力，其分析依据是财务计划现金流量表，并需要结合偿债能力分析进行。财务生存能力分析可以通过以下相辅相成的两个方面来具体判断。

(1) 拥有足够的经营现金流量是财务可持续的基本条件，特别是在运营初期。一个项目具有较大的经营净现金流量，说明项目方案比较合理，实现自身资金平衡的可能性大，不会过分依赖短期融资来维持运营；反之，一个项目不能产生足够多的经营净现金流量，或经营净现金流量为负值，说明维持项目正常运行遇到财务上的困难，项目方案缺乏合理性，实现自身资金平衡的可能性小，有可能要靠短期融资来维持运营，或者是非经营性项目本身无能力实现自身资金平衡，需要靠政府补贴。

(2) 各年累计盈余资金不出现负值是财务生存的必要条件。在整个运营期间，允许个别年份的净现金流量出现负值，但不能允许任意年份的累计盈余资金出现负值。一旦出现负值时应适时进行短期融资，该短期融资应体现在财务计划中。较频繁的短期融资，有可能导致以后的累计盈余资金无法实现正值，致使项目难以维持运营。

8.4.4　财务评价案例分析

1. 案例概述

某新建工业项目，其可行性研究已完成市场需求预测、生产规模、工艺技术方案、建厂条件和厂址方案、环境保护、工厂组织和劳动定员以及项目实施规划诸方面的论证和多方案比较。

项目生产规模为年产产品 1.25 万吨，产品方案为 A 型及 B 型两种，以 A 型为主。部分技术和设备拟从国外引进。厂址位于城市近郊，占地 200 000 平方米，靠近主要原料和燃料产地，且交通运输方便，水电供应可靠。项目主要设施包括生产车间、与工艺生产相适应的辅助生产设施、公用工程，以及有关的生产管理和生产福利等设施。

项目财务评价在此基础上进行。项目基准折现率为12%，基准投资回收期为8.3年。

本项目计算期包括建设期和经营期，项目拟两年建成，第三年投产，当年生产负荷达到设计能力的70%，第四年达到90%，第五年达到100%。生产期按8年计算，计算期为10年。

2. 案例分析

1) 建设投资估算

(1) 财务效益与费用估算。

本项目建设投资采用概算法估算，估算额为20 293.19万元，其中外汇为131.34万美元。基本预备费费率取7%，涨价预备率取5%，外汇与人民币换算的汇率按照1美元=6.23元人民币计算。建设投资估算结果如表8-6所示。

表8-6 建设投资估算表

单位：万元

序号	工程或费用名称	估算价值						占总值比/%
		建筑工程	设备费用	安装工程	其他费用	总值	外汇/万美元	
1	建设投资(不含建设期间贷款利息)	1 559.25	10 048.95	3 892.95	3642.30	19 143.45	976.25	100
1.1	第一部分工程费用	1 559.25	10 048.95	3 892.95	0.00	15 501.15		81
1.1.1	主要生产项目	463.50	7 849.35	3 294.00		11 606.85		
	其中：外汇		639.00	179.25		818.25	818.25	
1.1.2	辅助生产车间	172.35	473.40	22.95		668.70		
1.1.3	公用工程	202.05	1 119.60	457.65		1 779.30		
1.1.4	环境保护工程	83.25	495.00	101.25		679.50		
1.1.5	总图运输	23.40	111.60			135.00		
1.1.6	厂区服务性工程	117.90				117.90		
1.1.7	生活福利工程	496.80				496.80		
1.1.8	厂外工程			17.10		17.10		
1.2	第二部分其他费用				1 368.90	1 368.90	158.00	7
	其中：土地费用				600.00	600.00		
	第一、第二部分合计	1 559.25	10 048.95	3892.95	1 368.90	1 6870.05		
1.3	预备费用				2 273.40	2 273.40		12
2	建设期利息					1 149.74	99.02	
	合计(1+2)	1 559.25	10 048.95	3 892.95	3 642.30	20 293.19	1 075.27	

(2) 流动资金估算。

流动资金估算采用分项详细估算法进行估算，估算总额为3 111.02万元。流动资金借款为2 302.7万元。流动资金估算如表8-7所示。

表 8-7　流动资金估算表

单位：万元

序号	项　目	最低周转天数	周转次数	投产期		达到设计生产能力期	
				3	4	5	6
1	流动资产			2 925.50	3 645.15	4 001.22	4 001.22
1.1	应收账款	30	12	769.17	951.03	1 040.03	1 040.03
1.2	存货			2 117.99	2 655.78	2 922.85	2 922.85
1.3	现金	15	24	38.34	38.34	38.34	38.34
2	流动负债			622.80	800.93	890.20	890.20
2.1	应付账款	30	12	622.80	800.93	890.20	890.20
3	流动资金(1-2)			2 302.70	2 844.22	3 111.02	3 111.02
4	流动资金增加额			2 302.70	541.52	266.80	0.00

(3) 项目总投资使用计划与资金筹措、建设期利息。

项目资本金为 7 121.43 万元，其中流动资金为 808.32 万元，其余为借款。资本金由甲、乙两个投资方出资，其中甲方出资 3 000 万元，从还完建设投资长期借款年开始，每年分红按出资额的 20%进行，经营期末收回投资。外汇全部通过中国银行向国外借款，年利率为 9%；人民币建设投资部分由中国建设银行提供贷款，年利率为 6.2%；流动资金由中国工商银行提供贷款，年利率为 5.94%。投资分年使用计划按第一年 60%、第二年 40%的比例分配。资金使用计划与资金筹措表如表 8-8 所示。

(4) 销售收入、税金及附加和增值税

产品售价以市场价格为基础，预测到生产期初的市场价格，每吨出厂价按 15 850 元计算(不含增值税)。产品增值税税率为 17%。本项目采用价外计税方式考虑增值税。城市维护建设税按增值税的 7%计算，教育费附加按增值税的 3%计算。销售收入、税金及附加和增值税表如表 8-9 所示。

(5) 总成本费用估算。

总成本费用估算如表 8-10 所示。经营成本为外购原材料、外购燃料和动力费、工资及福利费、修理费、摊销费之和。总成本费用为经营成本、折旧费、摊销费和利息支出之和，其中可变成本为经营成本中的外购原材料和外购燃料、动力费之和，总成本中扣除可变成本为固定成本。

① 原材料、燃料、动力费。

所有外购原材料、燃料、动力费价格均以近几年国内市场已实现的价格为基础，预测到生产期初的价格。正常年份的外购原材料费为 9 448.80 万元，外购燃料、动力费为 1 231.20 万元。

② 工资及福利费估算。

全厂定员 200 人，工资及福利费按每人每年 20 000 元估算，全年工资及福利费估算为 400 万元(其中福利费按工资总额的 14%计算)。

③ 固定资产折旧费。

固定资产原值中除工程费用外还包括建设期利息、预备费用以及其他费用中的土地费用。固定资产原值为 19 524.29 万元，按平均年限法计算折旧，折旧年限为 8 年，残值率为 5%，折旧率为 11.88%，年折旧额为 2 318.51 万元。固定资产折旧费估算如表 8-11 所示。

④ 无形资产和其他资产。

无形资产为 368.90 万元，按 8 年摊销，年摊销额为 46.11 万元。递延资产为 400 万元，按 5 年摊销，年摊销额为 80 万元。无形资产及递延资产摊销费估算如表 8-12 所示。

⑤ 修理费。

修理费按年折旧额的 50%提取，每年为 1 159.25 万元。

(6) 利润及利润分配。

损益和利润分配表如表 8-13 所示。利润总额正常年为 3 617.36 万元。所得税按利润总额的 33%计取，盈余公积金按税后利润的 10%计取。

(7) 借款还本付息估算。

流动资金年应计利息为 136.78 万元。生产经营期间应计利息计入财务费用。

2) 财务评价

(1) 财务盈利能力分析。

① 全部资金财务现金流量表如表 8-14 所示。根据该表计算的评价指标为：全部资金财务内部收益率为 17.62%，全部资金财务净现值(i_c=12%时)为 4 781.34 万元。全部资金财务内部收益率大于基准收益率，说明盈利能力满足了行业最低要求，全部资金财务净现值大于零，该项目在财务上是可以接受的。全部资金静态投资回收期为 6.17 年(含建设期)，小于行业基准投资回收期 8.3 年，表明项目投资能够按时收回。

② 资本金财务现金流量表如表 8-15 所示，根据该表计算资本金内部收益率为 18.22%。

③ 甲方投资财务现金流量表如表 8-16 所示，根据该表计算甲方投资内部收益率为 9.80%。

④ 根据损益及利润分配表(见表 8-13)、建设投资估算表(见表 8-6)计算以下指标：

$$\text{投资利润率}=\frac{\text{年利润总额}}{\text{总资金}}\times 100\%=\frac{3\,617.36}{20\,293.19}\times 100\%=17.83\%$$

该项目投资利润率大于行业平均利润率 8%，说明单位投资收益水平达到了行业标准。

⑤ 根据损益及利润分配表、资金来源与运用表(见表 8-17)、借款还本付息计划表(见表 8-18)、固定资产折旧估算表、无形资产及递延资产摊销估算表计算以下指标：

利息备付率(按整个借款期考虑)

$$=\frac{\text{税息前利润}}{\text{当期应付利息费用}}$$

$$=\frac{\text{借款利息支付}+\text{利润总额}}{\text{借款利息支付}}$$

$$=\frac{3\,820.30+22\,533.56}{3\,820.30}=6.90>2.0$$

偿债备付率(按整个借款期考虑)

$$=\frac{\text{当期用于还本付息资金}}{\text{当期应还本付息金额}}$$

$$=\frac{\text{固定资产折旧费}+\text{无形及递延资产摊销}+\text{税后利税}+\text{应付利息}}{\text{借款利息支付}+\text{借款本金偿还}}$$

$$=\frac{18\,548.07+768.90+15\,097.48+3\,820.30}{3\,820.30+13\,980.08}=2.15>1.0$$

式中利息支付的计算如表 8-19 所示。

式中借款本金偿还=建设投资−建设投资中的资本金

=20 293.19−7 121.43+808.32=13 980.08(万元)

该项目利息备付率大于 2.0，偿债备付率大于 1.0，说明该项目偿债能力较强。

(2) 财务评价说明。

本项目采用量入偿付法(贷款期内根据实际情况任意偿还本利，到期末全部还清)归还长期借款本金。总成本费用估算表、损益及利润分配表及借款偿还计划表通过利息支出、当年还本和税后利润互相联系，通过三表联算得出借款偿还计划。在全部借款偿还后，再计提盈余公积金和确定利润分配方案。三表联算的关系如图 8-3 所示。

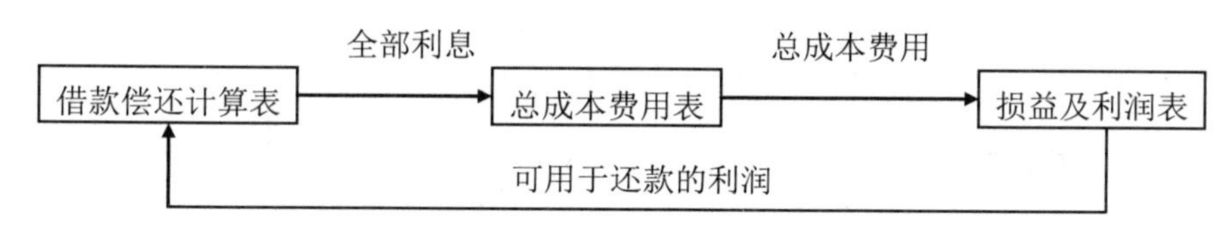

图 8-3　三表联算关系图

(3) 评价结论。

财务评价结论如表 8-20 所示。

从主要指标上看，财务评价效益均是可行的，而且生产的产品是国家鼓励的，所以项目也是可以接受的。

表 8-8 资金使用计划与资金筹措表

单位：万元

序号	年份 / 项目	合计	1				2				3				4				5			
		人民币	外币	折人民币	人民币	小计	外币	折人民币	人民币	小计	外币	折人民币	人民币	小计	外币	折人民币	人民币	小计	外币	折人民币	人民币	小计
1	总投资	23 404.21	612.11	5 080.50	6 712.28	11 792.78	463.16	3844.25	4 656.16	8 500.41	0.00	0.00	2 302.70	2 302.70	0.00	0.00	541.52	541.52	0.00	0.00	266.80	266.80
1.1	建设投资(未含利息)	19 143.45	585.75	4 861.73	6 624.35	11 486.07	390.50	3 241.15	4 416.23	7 657.38												
1.2	建设期间贷款利息	1149.74	26.36	218.78	87.93	306.71	72.66	603.10	239.93	843.03												
1.3	流动资金	3 111.02											2 302.70	2 302.70			541.52	541.52			266.80	266.80
2	资金筹措	23 404.21																				
2.1	自有资金	7 121.43			3 787.87	3 787.87			2 525.24	2 525.24			808.32	808.32								
	其中：用于流动资金	0.00											808.32	808.32								
2.1.1	资本金	7 121.43			3 787.87	3 787.87			2 525.24	2 525.24			808.32	808.32								
2.1.2	资本溢价	0.00				0.00				0.00				0.00								
2.2	借款	16 282.78	612.11	5 080.50	2 924.41	8 004.91	463.16	3844.25	2 130.92	5 975.17	0.00	0.00	1 494.38	1 494.38	0.00	0.00	541.52	541.52	0.00	0.00	266.80	266.80
2.2.1	长期借款	12 830.34	585.75	4 861.73	2 836.48	7 698.20	390.50	3241.15	1 890.99	5 132.14												
2.2.2	流动资金借款	2 302.70											1 494.38	1 494.38			541.52	541.52	0.00	0.00	266.80	266.80
2.2.3	建设期利息	1 149.74	26.36	218.78	87.93	306.71	72.66	603.10	239.93	843.03	0.00	0.00	0.00	0.00								
2.3	其他																					

表 8-9　销售收入、税金及附加和增值税估算表

序　号	项　目	单价/元	生产负荷 70%(第 3 年)		生产负荷 90%(第 4 年)		生产负荷 100%(第 5～10 年)	
			销售量/吨	金额/万元	销售量/吨	金额/万元	销售量/吨	金额/万元
1	产品销售收入	15 850.00	8 400.00	13 314.00	10 800.00	17 118.00	12000.00	19 020.00
2	销售税金及附加			99.25		127.60		141.78
	增值税销项			2 263.38		2 910.06		3 233.40
	增值税进项			1 270.92		1 634.04		1 815.60
	增值税			992.46		1 276.02		1 417.80
2.1	城市维护建设税(增值税*7%)			69.47		89.32		99.25
2.2	教育费附加(增值税*3%)			29.77		38.28		42.53

注：1.增值税仅为计算城市维护建设税和教育费附加的依据；2.本报表税金的计算方法采用不含增值税的计算方法。

表 8-10　总成本费用估算表

单位：万元

序号	年份项目	合　计	投 产 期		达到设计生产能力期					
			3	4	5	6	7	8	9	10
	生产负荷(%)		70	90	100	100	100	100	100	100
1	外购原材料	71 811.00	6 614.40	8 503.80	9 448.80	9 448.80	9 448.80	9 448.80	9 448.80	9 448.80
2	外购燃料、动力	9 357.00	861.60	1 108.20	1 231.20	1 231.20	1 231.20	1 231.20	1 231.20	1 231.20
3	工资及福利费	3 200.00	400.00	400.00	400.00	400.00	400.00	400.00	400.00	400.00
4	修理费	9 274.04	1 159.25	1 159.25	1 159.25	1 159.25	1 159.25	1 159.25	1 159.25	1 159.25
5	折旧费	18 548.07	2 318.51	2 318.51	2 318.51	2 318.51	2 318.51	2 318.51	2 318.51	2 318.51
6	摊销费	768.90	126.11	126.11	126.11	126.11	126.11	46.11	46.11	46.11
7	财务费用 (利息、汇兑损失)	3 820.30	1 205.42	1 017.02	702.06	348.68	136.78	136.78	136.78	136.78
7.1	其中：利息支出	3 820.30	1 205.42	1 017.02	702.06	348.68	136.78	136.78	136.78	136.78
8	其他费用	4 161.60	520.20	520.20	520.20	520.20	520.20	520.20	520.20	520.20
9	总成本费用 (1+2+3+4+5+6+7+8)	120 940.91	13 205.50	15 153.09	15 906.14	15 552.76	15 340.86	15 260.86	15 260.86	15 260.86
	其中：固定成本	35 952.61	4 524.08	4 524.08	4 524.08	4 524.08	4 524.08	4 444.08	4 444.08	4 444.08
	可变成本	84 988.30	8 681.42	10 629.02	11 382.06	11 028.68	10 816.78	10 816.78	10 816.78	10 816.78
10	经营成本(9-5-6-7.1)	97 803.64	9 555.45	11 691.45	12 759.45	12 759.45	12 759.45	12 759.45	12 759.45	12 759.45

表 8-11　固定资产折旧费估算表

单位：万元

序号	年份项目	合　计	折旧率/%	投产期		达到设计生产能力期					
				3	4	5	6	7	8	9	10
1	固定资产合计		11.88								
1.1	原值	19 524.29									
1.2	折旧费	18 548.07		2 318.51	2 318.51	2 318.51	2 318.51	2 318.51	2 318.51	2 318.51	2 318.51
	净值			17 205.78	14 887.27	12 568.76	10 250.25	7 931.74	5 613.23	3 294.72	976.21

表 8-12　无形资产及递延资产摊销费估算表

单位：万元

序号	年份项目	摊销年限	原　值	投产期		达到设计生产能力期					
				3	4	5	6	7	8	9	10
1	无形资产	8	368.90								
1.1	摊销			46.11	46.11	46.11	46.11	46.11	46.11	46.11	46.11
1.2	净值			322.79	276.68	230.56	184.45	138.34	92.22	46.11	0.00
2	递延资产(开办费)	5	400.00								
2.1	摊销			80.00	80.00	80.00	80.00	80.00			
2.2	净值			320.00	240.00	160.00	80.00	0.00			
3	无形及递延资产合计		768.90								
3.1	摊销			126.11	126.11	126.11	126.11	126.11	46.11	46.11	46.11
3.2	净值			642.79	516.68	390.56	264.45	138.34	92.22	46.11	0.00

表 8-13　损益和利润分配表

单位：万元

序号	年份/项目	合　计	投产期		达到设计生产能力期					
			3	4	5	6	7	8	9	10
	生产负荷(%)		70	90	100	100	100	100	100	100
1	产品销售收入	144 552.00	13 314.00	17 118.00	19 020.00	19 020.00	19 020.00	19 020.00	19 020.00	19 020.00
2	销售税金及附加	1 077.53	99.25	127.60	141.78	141.78	141.78	141.78	141.78	141.78
3	总成本费用	120 940.91	13 205.50	15 153.09	15 906.14	15 552.76	15 340.86	15 260.86	15 260.86	15 260.86
4	利润总额(1-2-3)	22 533.56	9.25	1 837.31	2 972.08	3 325.46	3 537.36	3 617.36	3 617.36	3 617.36
5	所得税(33%)	7 436.07	3.05	606.31	980.79	1 097.40	1 167.33	1 193.73	1 193.73	1 193.73
6	税后利润(4-5)	15 097.48	6.20	1 230.99	1 991.30	2 228.06	2 370.03	2 423.63	2 423.63	2 423.63
7	可供分配利润	15 097.48	6.20	1 230.99	1 991.30	2 228.06	2 370.03	2 423.63	2 423.63	2 423.63
7.1	盈余公积金(10%)	964.09					237.00	242.36	242.36	242.36
7.2	应付利润	0.00								
7.3	未分配利润	14 133.39	6.20	1 230.99	1 991.30	2 228.06	2 133.03	2 181.27	2 181.27	2 181.27
	累计未分配利润		6.20	1 237.19	3 228.49	5 456.55	7 589.58	9 770.85	11 952.12	14 133.39

表 8-14　全部资金财务现金流量表

单位：万元

序号	项目＼年份	合计	建设期		投产期		达到设计生产能力期					
			1	2	3	4	5	6	7	8	9	10
	生产负荷(%)				70	90	100	100	100	100	100	100
1	现金流入	148 639.23	0.00	0.00	13 314.00	17 118.00	19 020.00	19 020.00	19 020.00	19 020.00	19 020.00	23 107.23
1.1	产品销售收入	144 552.00			13 314.00	17 118.00	19 020.00	19 020.00	19 020.00	19 020.00	19 020.00	19 020.00
1.2	回收固定资产余值	976.21										976.21
1.3	回收流动资金	3 111.02										3 111.02
2	现金流出	121 135.64	11 486.07	7 657.38	11 957.40	12 360.58	13 168.03	12 901.23	12 901.23	12 901.23	12 901.23	12 901.23
2.1	建设投资(不含建设期间贷款利息)	19 143.45	11 486.07	7 657.38								
2.2	流动资金	3 111.02			2 302.70	541.52	266.80					
2.3	经营成本	97 803.64			9 555.45	11 691.45	12 759.45	12 759.45	12 759.45	12 759.45	12 759.45	12 759.45
2.4	销售税金及附加	1 077.53			99.25	127.60	141.78	141.78	141.78	141.78	141.78	141.78
3	净现金流量	27 503.60	−11 486.07	−7 657.38	1 356.60	4 757.42	5 851.97	6 118.77	6 118.77	6 118.77	6 118.77	10 206.00
4	累计净现金流量		−11 486.07	−19 143.45	−17 786.85	−13 029.43	−7 177.46	−1 058.70	5 060.07	11 178.83	17 297.60	27 503.60

计算指标：全部资金财务内部收益率(FIRR)=17.62%；全部资金财务净现值(FNPV)(i_c=12%)=¥4 781.34 万元；全部资金静态投资回收期(从建设期算起)=6.17 年。

表 8-15　资本金财务现金流量表

单位：万元

序号	年份 项目	合　计	建设期		投产期		达到设计生产能力期					
			1	2	3	4	5	6	7	8	9	10
	生产负荷(%)				70.00	90.00	100.00	100.00	100.00	100.00	100.00	100.00
1	现金流入	148 639.23	0.00	0.00	13 314.00	17 118.00	19 020.00	19 020.00	19 020.00	19 020.00	19 020.00	23 107.23
1.1	产品销售收入	144 552.00			13 314.00	17 118.00	19 020.00	19 020.00	19 020.00	19 020.00	19 020.00	19 020.00
1.2	回收固定资产余值	976.21										976.21
1.3	回收流动资金	3 111.02										3 111.02
2	现金流出	133 541.75	3 787.87	2 525.24	14 122.32	17 118.00	19 020.00	17 765.04	14 205.34	14 231.74	14 231.74	14 231.74
2.1	资本金	7 121.43	3 787.87	2 525.24	808.32							
2.2	借款本金偿还	16 282.78			2 450.82	3 675.62	4 435.92	3 417.72				2 302.70
2.3	借款利息支付	3 820.30			1 205.42	1 017.02	702.06	348.68	136.78	136.78	136.78	136.78
2.4	经营成本	97 803.64			9 555.45	11 691.45	12 759.45	12 759.45	12 759.45	12 759.45	12 759.45	12 759.45
2.5	销售税金及附加	1 077.53			99.25	127.60	141.78	141.78	141.78	141.78	141.78	141.78
2.6	所得税	7 436.07			3.05	606.31	980.79	1 097.40	1 167.33	1 193.73	1 193.73	1 193.73
3	净现金流量	15 097.48	−3 787.87	−2 525.24	−808.32	0.00	0.00	1 254.96	4 814.66	4 788.26	4 788.26	6 572.79

计算指标为资本金内部收益率：18.22%。

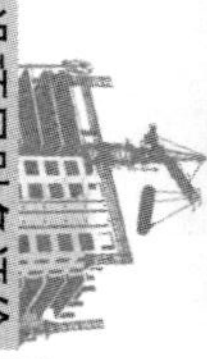

表 8-16　甲方投资财务现金流量表

单位：万元

序号	年份项目	合　计	建 设 期		投 产 期		达到设计生产能力期					
			1	2	3	4	5	6	7	8	9	10
	生产负荷(%)				70	90	100	100	100	100	100	100
1	现金流入	6 000						600	600	600	600	3 600
1.1	股利分配	6 000						600	600	600	600	3 600
1.2	资产处置收益分配											
1.3	租赁费收入											
1.4	技术转让收入											
1.5	其他现金流入											
2	现金流出	3 000	1 500	1 500								
2.1	股权投资	3 000	1 500	1 500								
2.2	租赁资产支出											
2.3	其他现金流出											
3	净现金流量	1 800	−1 500	−1 500				600	600	600	600	3 600

计算指标为甲方投资内部收益率：9.80%。

表 8-17　资金来源与运用表

单位：万元

序号	项目 \ 年份	合　计	建设期		投产期		达到设计生产能力期					
			1	2	3	4	5	6	7	8	9	10
	生产负荷(%)					70	90	100	100	100	100	100
1	资金来源	69 341.98	11 792.78	8 500.41	4 756.58	4 823.45	5 683.51	5 770.09	5 981.98	5 981.98	5 981.98	10 069.22
1.1	利润总额	22 533.56			9.25	1 837.31	2 972.08	3 325.46	3 537.36	3 617.36	3 617.36	3 617.36
1.2	折旧费	18 548.07			2 318.51	2 318.51	2 318.51	2 318.51	2 318.51	2 318.51	2 318.51	2 318.51
1.3	摊销费	768.90			126.11	126.11	126.11	126.11	126.11	46.11	46.11	46.11
1.4	长期借款	13 980.08	8 004.91	5 975.17	0.00							
1.5	流动资金借款	2 302.70			1 494.38	541.52	266.80					
1.6	其他短期借款	0.00										
1.7	自有资金	7 121.43	3 787.87	2 525.24	808.32							
1.8	其他	0.00										
1.9	回收固定资产余值	976.21										976.21
1.10	回收流动资金	3 111.02										3 111.02
2	资金运用	47 123.06	11 792.78	8 500.41	4 756.58	4 823.45	5 683.51	4 515.13	1 167.33	1 193.73	1 193.73	3 496.43
2.1	固定资产投资	19 143.45	11 486.07	7 657.38								
2.2	建设期利息	1 149.74	306.71	843.03								
2.3	流动资金	3 111.02			2 302.70	541.52	266.80					
2.4	所得税	7 436.07			3.05	606.31	980.79	1 097.40	1 167.33	1 193.73	1 193.73	1 193.73
2.5	应付利润	0.00										
2.6	长期借款本金偿还	13 980.08			2 450.82	3 675.62	4 435.92	3 417.72				
2.7	流动资金借款本金偿还	2 302.70										2 302.70
2.8	短期借款本金偿还	0.00										
3	盈余资金	22 218.91	0.00	0.00	0.00	0.00	0.00	1 254.96	4 814.66	4 788.26	4 788.26	6 572.79
4	累计盈余资金		0.00	0.00	0.00	0.00	0.00	1 254.96	6 069.61	1 0857.87	15 646.13	22 218.91

表 8-18　借款还本付息计划表

单位：万元

序号	项目 \ 年份	利率(%)	建设期		投产期		达到设计生产能力期	
			1	2	3	4	5	6
1	外汇借款(折成人民币)	9%						
1.1	年初借款本息累计			5 080.50	8 924.75	6473.93	2 798.31	
1.1.1	本金			4 861.73	8 102.88	6473.93	2 798.31	
1.1.2	建设期利息			218.78	821.87			
1.2	本年借款		4 861.73	3 241.15				
1.3	本年应计利息		218.78	603.10	803.23	582.65	251.85	
1.4	本年偿还本金				2 450.82	3675.62	2 798.31	
1.5	本年支付利息				803.23	582.65	251.85	
2	人民币借款	6.20%						
2.1	年初借款本息累计			2 924.41	5 055.33	5055.33	5 055.33	3 417.72
2.1.1	本金			2 836.48	4 727.47	5055.33	5 055.33	3 417.72
2.1.2	建设期利息			87.93	327.86			
2.2	本年借款		2 836.48	1 890.99				
2.3	本年应计利息		87.93	239.93	313.43	313.43	313.43	211.90
2.4	本年偿还本金						1 637.61	3 417.72
2.5	本年支付利息				313.43	313.43	313.43	211.90
3	偿还借款本金的资金来源							
3.1	利润				6.20	1230.99	1 991.30	2 228.06
3.2	折旧费				2 318.51	2318.51	2 318.51	2 318.51
3.3	摊销费				126.11	126.11	126.11	126.11
3.4	偿还本金来源合计(3.1+3.2+3.3)				2 450.82	3675.62	4 435.92	4 672.68
3.4.1	偿还外汇本金				2 450.82	3 675.62	2 798.31	0.00
3.4.2	偿还人民币本金					0.00	1 637.61	3 417.72
3.4.3	偿还本金后余额(3.4-3.4.1-3.4.2)							1 254.96

人民币借款偿还期(从借款开始年算起)：$5+\dfrac{3\,417.72}{4\,672.68}=5.73$(年)

表 8-19　利息支付计算表

单位：万元

项　目	合　计	3	4	5	6	7	8	9	10
外汇长期借款利息支付(利率为 9%)	1 637.73	803.23	582.65	251.85					
人民币长期借款利息支付(利率为 6.2%)	1 152.19	313.43	313.43	313.43	211.90				
流动资金中的借款数额		1 494.38	2 035.9	2 302.7					
流动资金借款利息支付(利率为 5.94%)	1 030.37	88.76	120.93	136.78	136.78	136.78	136.78	136.78	136.78
各种借款利息支付总和	3 820.30	1 205.42	1 017.02	702.06	248.68	136.78	136.78	136.78	136.78

表 8-20　评价结论汇总表

财务评价指标	计算结果	评价标准	是否可行
全部资金财务内部收益率	17.62%	>12%	是
全部资金静态投资回收期	6.17	<8.3 年	是
国内借款偿还期	5.73 年		是
全部资金财务净现值	4 781.34 万元	>0	是

思考与练习

一、单项选择题

1. (　　)反映了项目计算期内各年的利润总额、所得税及税后利润的分配情况，用以计算总投资收益率、资本金利润率等指标。

A. 建设投资估算表　　B. 现金流量表

C. 利润与利润分配表　　D. 资产负债表

2. (　　)综合反映了项目计算期内各年年末资产、负债和所有者权益的增减变化及对应关系，以考察项目资产、负债、所有者权益的结构是否合理，同时计算资产负债率、流动比率及速动比率，进行偿债能力分析。

A. 建设投资估算表　　B. 现金流量表

C. 利润与利润分配表　　D. 资产负债表

3. (　　)是为了考查企业“有项目”时在整个计算期内的资金充裕程度，分析财务可持续性，判断其在财务上的生存能力，其分析依据是财务计划现金流量表，并需结合偿债能力进行分析。

A. 偿债能力分析　　B. 不确定性分析

C. 盈利能力分析　　D. 财务生存能力分析

4. (　　)的主要指标包括项目投资财务内部收益率和财务净现值、项目资本金财务内部收益率、投资回收期、总投资收益率、项目资本金净利润率等，可根据项目的特点及财务分析的目的、要求等选用。

A. 偿债能力分析　　B. 不确定性分析

C. 盈利能力分析　　D. 财务生存能力分析

二、简答题

1. 什么是财务评价？财务评价的内容及作用是什么？

2. 什么是项目的融资前分析？什么是项目的融资后分析？在评价时它们的区别是什么？

3. 建设投资由哪几部分组成？

4. 建设工程投资估算有哪些？

5. 财务评价所需的财务分析报表有哪些？财务评价的主要指标有哪些？各财务评价指标应该如何进行计算与评价？

三、计算题

1. 某项目固定资产原值为100万元，折旧年限为10年，净残值率为5%，试分别按年限平均法、双倍余额递减法和年数总和法计算折旧。

2. 某项目的工程费用为400万元，按项目进度计划，项目建设期为3年，分年的工程费用比例为30%、40%、30%。建设期内年平均价格上涨指数为5%，试估算该项目的涨价预备费。

3. 项目第4年资产总计48 562万元，其中流动资产总额5 863万元，流动负债总额3 651万元，长期借款为29 634万元，另外，流动负债中存货为4 525万元，试计算资产负债率、流动比率、速动比率。

4. 某拟建项目有关数据如下。

(1) 建设期2年，运营期8年，建设期均匀投入2 700万元(不含建设期贷款利息)，其中形成无形资产600万元。从项目建成投产起，当地政府每年拨款70万元用于安置当地下岗职工再就业。

(2) 无形资产在运营期8年中，均匀摊入成本。固定资产使用年限为10年，残值为200万元，按照直线法折旧。

(3) 项目建设投资资金来源为自有资金和贷款，贷款总额为1 600万元，在建设期每年贷入800万元，贷款年利率为5.85%(按季计息)，在运营期前3年按照等额本息法偿还。

(4) 流动资金为500万元，投产第1年投入360万元(其中200万元为银行借款)，投产第2年投入140万元(其中90万元为银行借款)。流动资金贷款年利率为3%。

(5) 项目投产当年需购置仓库保鲜制冷设备，预计投资400万元，投产当年经营成本为820万元，以后各年经营成本为1 100万元。

(6) 项目运营期内正常年份营业收入为2 600万元，投产第1年生产负荷75%，第2年达产。

(7) 营业税金及附加合并税率为6%，企业所得税税率为25%，该行业基准收益率为10%，基准投资回收期7年。

问题:

(1) 计算建设期贷款利息、固定资产年折旧费、无形资产摊销费。

(2) 编制项目还本付息计划表。

(3) 编制总成本费用估算表。

(4) 编制项目投资现金流量表。

(5) 编制项目资本金现金流量表。

(6) 编制利润与利润分配表。

(7) 计算项目所得税后静态、动态投资回收期，项目财务净现值，总投资收益率，项目资本金净利润率，利息备付率，偿债备付率，并从财务角度分析该项目的可行性。

参考文献

[1] 赵彬. 工程技术经济[M]. 北京：高等教育出版社，2004.

[2] 张明媚，等. 建筑工程经济[M]. 北京：机械工业出版社，2022.

[3] 渠晓伟. 建筑工程经济[M]. 北京：机械工业出版社，2011.

[4] 汤鸿. 建设工程经济[M]. 南京：东南大学出版社，2012.

[5] 庞永师，王亦斌，王学通. 建筑经济与管理[M]. 北京：中国建筑工业出版社，2009.

[6] 张宁宁. 建筑工程经济[M]. 北京：北京大学出版社，2018.

[7] 袁俊森，潘纯. 水利工程经济[M]. 北京：中国水利水电出版社，2010.

[8] 赵小娥，胡六星. 建筑工程经济[M]. 北京：北京大学出版社，2012.

[9] 建筑考试培训研究中心. 建设工程经济[M]. 北京：中国铁道出版社，2012.

[10] 贾学萍. 工程经济学[M]. 北京：北京邮电大学出版社，2014.

[11] 顾荣华，张劲松. 建筑工程经济[M]. 北京：北京理工大学出版社，2017.

[12] 时思，子重仁，胡一多. 建筑工程经济[M]. 北京：清华大学出版社，2018.

[13] 刘晓君，李玲燕. 技术经济学[M]. 北京：科学出版社，2018.

[14] 全国一级建造师执业资格考试用书编写委员会. 建设工程经济[M]. 北京：中国建筑工业出版社，2021.

[15] 李磊，等. 建筑工程经济[M]. 北京：高等教育出版社，2021.

[16] 毛义华，等. 建筑工程经济[M]. 杭州：浙江大学出版社，2021.